"神话学文库" 学术支持

上海交通大学文学人类学研究中心
上海交通大学神话学研究院
中国社会科学院比较文学研究中心
陕西师范大学人文社会科学高等研究院
上海市社会科学创新研究基地——中华创世神话研究

"十二五""十三五"国家重点图书出版规划项目
第五届、第八届中华优秀出版物奖获奖作品

神话学文库

叶舒宪　主编

熔炉与坩埚

炼金术的起源和结构

THE FORGE AND THE CRUCIBLE

[美] 米尔恰·伊利亚德（Mircea Eliade）◎著

王　伟◎译

段恩锡　刘　俐◎校译

陕西师范大学出版总社

图书代号　SK23N1143

本书译自 Mircea Eliade, The Forge and the Crucible: The Origins and Structures of Alchemy, 2nd Edition, translated from the French by Stephen Corrin, Chicago and London: The University of Chicago Press, 1978.

图书在版编目（CIP）数据

熔炉与坩埚：炼金术的起源和结构／（美）米尔恰·伊利亚德著；王伟译. —西安：陕西师范大学出版总社有限公司，2023.10
（神话学文库／叶舒宪主编）
ISBN 978 - 7 - 5695 - 3692 - 8

Ⅰ．①熔…　Ⅱ．①米…　②王…　Ⅲ．①宗教—研究
②神话—研究　Ⅳ．①B91　②B932

中国国家版本馆 CIP 数据核字（2023）第 125844 号

熔炉与坩埚：炼金术的起源和结构

RONGLU YU GANGUO: LIANJINSHU DE QIYUAN HE JIEGOU

[美] 米尔恰·伊利亚德　著　王　伟　译　段恩锡　刘　俐　校译

出 版 人	刘东风	
责任编辑	杜莎莎	
责任校对	王丽敏	
出版发行	陕西师范大学出版总社	
	（西安市长安南路 199 号　邮编710062）	
网　　址	http://www.snupg.com	
印　　刷	中煤地西安地图制印有限公司	
开　　本	720 mm×1020 mm　1/16	
印　　张	13.75	
插　　页	4	
字　　数	216 千	
版　　次	2023 年 10 月第 1 版	
印　　次	2023 年 10 月第 1 次印刷	
书　　号	ISBN 978 - 7 - 5695 - 3692 - 8	
定　　价	85.00 元	

读者购书、书店添货或发现印刷装订问题，请与本公司营销部联系、调换。
电话：(029) 85307864　85303635　传真：(029) 85303879

"神话学文库"总序

叶舒宪

神话是文学和文化的源头，也是人类群体的梦。

神话学是研究神话的新兴边缘学科，近一个世纪以来，获得了长足发展，并与哲学、文学、美学、民俗学、文化人类学、宗教学、心理学、精神分析、文化创意产业等领域形成了密切的互动关系。当代思想家中精研神话学知识的学者，如詹姆斯·乔治·弗雷泽、爱德华·泰勒、西格蒙德·弗洛伊德、卡尔·古斯塔夫·荣格、恩斯特·卡西尔、克劳德·列维－斯特劳斯、罗兰·巴特、约瑟夫·坎贝尔等，都对20世纪以来的世界人文学术产生了巨大影响，其研究著述给现代读者带来了深刻的启迪。

进入21世纪，自然资源逐渐枯竭，环境危机日益加剧，人类生活和思想正面临前所未有的大转型。在全球知识精英寻求转变发展方式的探索中，对文化资本的认识和开发正在形成一种国际新潮流。作为文化资本的神话思维和神话题材，成为当今的学术研究和文化产业共同关注的热点。经过《指环王》《哈利·波特》《达·芬奇密码》《纳尼亚传奇》《阿凡达》等一系列新神话作品的"洗礼"，越来越多的当代作家、编剧和导演意识到神话原型的巨大文化号召力和影响力。我们从学术上给这一方兴未艾的创作潮流起名叫"新神话主义"，将其思想背景概括为全球"文化寻根运动"。目前，"新神话主义"和"文化寻根运动"已经成为当代生活中不可缺少的内容，影响到文学艺术、影视、动漫、网络游戏、主题公园、品牌策划、物语营销等各个方面。现代人终于重新发现：在前现代乃至原始时代所产生的神话，原来就是人类生存不可或缺的文化之根和精神本源，是人之所以为人的独特遗产。

可以预期的是，神话在未来社会中还将发挥日益明显的积极作用。大体上讲，在学术价值之外，神话有两大方面的社会作用：

一是让精神紧张、心灵困顿的现代人重新体验灵性的召唤和幻想飞扬的奇妙乐趣；二是为符号经济时代的到来提供深层的文化资本矿藏。

前一方面的作用，可由约瑟夫·坎贝尔一部书的名字精辟概括——"我们赖以生存的神话"（Myths to live by）；后一方面的作用，可以套用布迪厄的一个书名，称为"文化炼金术"。

在21世纪迎接神话复兴大潮，首先需要了解世界范围神话学的发展及优秀成果，参悟神话资源在新的知识经济浪潮中所起到的重要符号催化剂作用。在这方面，现行的教育体制和教学内容并没有提供及时的系统知识。本着建设和发展中国神话学的初衷，以及引进神话学著述，拓展中国神话研究视野和领域，传承学术精品，积累丰富的文化成果之目标，上海交通大学文学人类学研究中心、中国社会科学院比较文学研究中心、中国民间文艺家协会神话学专业委员会（简称"中国神话学会"）、中国比较文学学会，与陕西师范大学出版总社达成合作意向，共同编辑出版"神话学文库"。

本文库内容包括：译介国际著名神话学研究成果（包括修订再版者）；推出中国神话学研究的新成果。尤其注重具有跨学科视角的前沿性神话学探索，希望给过去一个世纪中大体局限在民间文学范畴的中国神话研究带来变革和拓展，鼓励将神话作为思想资源和文化的原型编码，促进研究格局的转变，即从寻找和界定"中国神话"，到重新认识和解读"神话中国"的学术范式转变。同时让文献记载之外的材料，如考古文物的图像叙事和民间活态神话传承等，发挥重要作用。

本文库的编辑出版得到编委会同人的鼎力协助，也得到上述机构的大力支持，谨在此鸣谢。

是为序。

凤凰版前言

本书的法文版出版于1956年，英文译本于1962年出版。几年后，15在《宗教史》（1968年，第8期，第74—88页）期刊上，我发表了一篇题为《熔炉与坩埚：附言》的评论兼记传文章。这篇文章同时被收录在1968年的"哈柏火炬丛书"中。借此再版的机会更正了一些印刷错误。

在过去几年中，一些有关中国炼丹术的重要文献陆续出版：首先是内森·席文的《中国炼丹术初探》［剑桥，马萨诸塞州，1968年，参见我发表于《宗教史》（1970年，第10期，第178—182页）的评论］，李约瑟的《中国的科学与文明》第5卷，第2、3部分（剑桥，1974、1977年）。我还注意到最近出版的很有启发性的著作，这些著作讨论了文艺复兴时期及其后期的炼金术，如艾伦·G. 德布斯的《文艺复兴时期的化学梦》（剑桥，1968年），彼得·J. 弗兰齐的《约翰·迪伊：伊丽莎白时代的魔术师》（伦敦，1972年），弗朗西斯·耶茨的《炼金术士的启蒙》（伦敦，1972年），J. W. 蒙哥马利的《十字架与坩埚：约翰·瓦伦丁·安德里亚（1586—1654）》、《神学家的不死鸟》（海牙，1973年），R. J. W. 埃文斯的《鲁道夫二世和他的世界：思想史研究1576—1612》（伦敦，1975年），还有贝蒂·J. 多布斯的《牛顿炼金术基础》（剑桥，1975年）。有关讨论详见"附录·

注释 O"。

　　尽管我没有从科技史或者科学史的角度探讨炼金术，但我的这种研究方法得到了一些专家的青睐。而且令人欣喜的是，这些专家来自不同领域，比如早期化学史专家 R. 第马尔特霍夫和 A. G. 德布斯，中国科学史专家李约瑟和 N. 席文，研究西方药理和炼金术的史学家 W. 施耐德，伊斯兰科学史研究者 S. H. 纳斯尔，还有泛智论专家 W. E. 培凯特。

前　　言

本书第一部分（通过宗教史的视角）展现了一组矿工、铁匠和锻
造师的工艺所特有的神话、仪式和符号。不消说，我必须向那些科技
史学家深表谢忱：他们的研究极具价值。然而，本书的目的不同。在
本书中，我试图探究史前人类的行为与物质有何种关系，体验他们的
心灵悸动，即史前人类在改变物质形态过程中经历的精神冒险。原始
社会陶工的造物经历更加值得研究，因为这是人类第一次改变物质形
态，然而，其在神话中近乎无迹可循。因此，我不得不从史前人类和
矿物的关系入手，着重研究铁匠和锻造师的仪式行为。

这不是一本冶金文化史，分析冶金文化全球传播的曲折路径，描
述冶金文化全球传播过程中产生的神话故事。即便可能，这样的历史
也会卷帙浩繁。事实上，我怀疑这样的书是否可以写出来。这些有关
金属的神话和仪式主要源于非洲、印度尼西亚和西伯利亚地区，这些
地区的文化史和神话，要么大部分尚未发掘，要么刚为人知晓。更何
况，我们关于冶金技术传播史的知识也相对匮乏。

我会尽量兼顾各种冶金术的历史文化背景，但主要关注的是其背
后的精神世界。矿物的神圣光环来自大地母亲。很早以前，就有这样
一种观念：矿石形成胚胎后，生长于大地之腹。因而，冶金术扮演着
助产士的角色。矿工和金匠揭示了这种地下胚胎学。他们加速矿石生

长的节奏，与大自然携手，更快地让矿石产出。总之，人类利用各种技术逐步取代了时间：人类的劳动取代了时间的运作。

我们认为与大自然母亲携手，帮助她更快产出，改变物质形态，是炼金术思想的主要来源之一。当然，我们并非认为炼金术士与矿工、锻造师及铁匠的思想是一脉相承的。（的确，尽管中国铁匠的入会仪式和神秘知识，后来成为中国道教和炼丹术继承的众多传统中不可或缺的一部分。）但是，冶炼工、铁匠、炼金术士有一个共同之处，即在和物质打交道的时候，经历了一种神奇的宗教体验——这种体验是独有的，通过入会仪式传承下来。他们认为冶炼工、铁匠、炼金术士的工作是令人兴奋和神圣的。在工作中，他们追求物质的转变，即物质的完善和转变。对此，我将在后文详述。须要重申的是，这种对待物质的宗教思想，以这样或那样的方式，影响着时间的节律，特别是"有生命"的物质。基于这一点，我们找到了炼金术士和原始社会铁匠的共同之处。

本书第二部分的主题是炼金术的观念形态和技术。中国炼丹术和印度炼金术占了相当多的篇幅，不仅因为它们很少为人所知，还在于其以清晰的方式说明了炼金术的实验性和神秘性。首先，应该强调的是，就起源而言，炼金术不是一门实验科学或者基础化学。直到后来，炼金术思想失去了合法性及存在的理由，科学才初见端倪。科学史没有在化学和炼金术之间做出明确区分。一般而言，化学和炼金术的研究对象都是矿物，使用同样的仪器，实验也是一样的。截至目前，对科技源头的探究表明，化学史家的观点无可辩驳。他们认为化学源于炼金术，确切地说，化学是从炼金术思想中分化出来的。但如果站在人类精神史的维度，我们又会看到另外一番景象。炼金术披着神圣科学的外衣，当物质不再具有神圣性时，化学便应运而生。现在，神圣经验和世俗经验之间的连续性必然断裂。

仅举一例便足以说明其不同之处。戏剧的"起源"（包括希腊的 <u>10</u> 悲剧、古代近东的戏曲和欧洲的戏剧）可以追溯到某种周期性的仪式。一般而言，其遵循以下顺序：一对矛盾概念的冲突（生与死、神与恶龙等），上帝受难，悼其死亡，庆其复活。吉尔伯特·默雷发现欧里庇得斯某些悲剧的特定结构中（不仅在《酒神的女伴》中，而且在《希波吕托斯》《安德洛玛克》中）保留了这种古老仪式。如果这就是戏剧的真正起源——事实上，如果说戏剧是周期性仪式生成的自然现象——那么谈论世俗剧院的神圣起源就无可厚非，但两者的不同是显而易见的：仪式场景属于神圣范围，释放宗教体验，涉及整个社会的拯救；而世俗戏剧一旦限定自身的精神世界，设定价值体系，则产生一种完全不同的体验——这种体验引起审美情感，追求一种与宗教体验大相径庭的理想形式。因此，尽管几个世纪以来，剧院仍保持着半神圣性，但两者之间仍有明显的不同。一种是内心虔诚地投入神圣的礼拜仪式中，另一种是从美丽场景和伴乐中获得纯粹的审美快感。两者之间有一条不可逾越的鸿沟。

当然，炼金术并非象征性的，而是在实验室里进行的实验。然而，炼金术士的目的却和化学家不同。化学家追求对物理化学现象的准确观察，并以系统实验的方式揭示物质的结构。相反，炼金术士关心的 <u>11</u> 是"激情""死亡"和物质的"结合"，倾向于转化物质形态和人类生命。炼金术士的目的是获取哲人石和长生药。荣格认为，炼金术的象征反复出现在病人的梦里和言语中，病人对此却一无所知。荣格的发现，不仅引起了精神分析学家的兴趣，且间接证实了炼金术的救赎功能，这是构成炼金术的主要部分之一。

试图从对化学产生影响的角度评价炼金术的本质是不明智的。在炼金术士看来，化学代表着"堕落"，因为其意味着神圣科学的世俗化。这并非为炼金术辩解，而是遵循文化史发展的基本要求。事实上，理解异质文化现象只有一条途径，那就是置身其中深切体悟该文化的价值。只有站在炼金术士的立场上，才能窥探其精神世界，评价其思想的独创性。这同样适用于对原始或者异域文化现象的解读。在评价异域文化或原始文化现象之前，我们必须完全理解它，不带任何偏见地融入其思想观念，无论这种思想观念是何种形式——神话、符号、仪式、社会意识形态等等。

某种奇怪的自卑心理——欧洲文化的代表——妨碍了我们对原始
12 文化进行客观公正的评判。如果我们试图描绘某一古代文化的逻辑连贯性，或者讨论它的高尚和人道思想，却不揭示其社会、经济、卫生等方面的缺陷，那么就会被认为有逃避或者蒙昧主义的嫌疑。近两个世纪以来，为了征服和改变世界，欧洲科学精神做出了巨大努力。从思想观念上看，科学的胜利证实了两个观念：科学自身是不断进步的；人类越是"现代"，就越有可能接近绝对真理和人性的庄严。但在相当长的一段时间里，民族学和东方学的研究表明：过去存在着令人敬仰的文明社会（就此而言，如今也存在着这样的文明社会）。尽管这些文明社会缺乏现代意义上的科学和工业，但均有一套自成体系的思想范畴、道德规范甚至经济学。这些体系在自身文化范畴内是自洽的。然而，我们的文化具有强烈的排他性，我们常以猜忌的目光审视他者、原始或者异域的文化成就。长期以来，我们坚信我们的道路是最好的，也是唯一通向智慧和自尊的道路。在这条道路上，为了满足科学和工业进步的巨大精神需求，我们舍掉了灵魂中最好的部分。在此过程中，滋生出对伟大原始文化的猜忌心理。如今欧洲中心主义遇到了瓶颈，人们开始怀疑这些成果和努力，以及为此做出的牺牲是否值得。（因为，今天的人们已不再认为这些成果和努力，是人类精神成就的顶峰或者20世纪仅存的文明。）

然而，这种自卑感正在快速淡出历史舞台。如今，非欧洲文明以 它们的方式得到了世人的关注。同样，我们希望不再以18、19世纪那种带有强烈歧视性的眼光来评判这些时期。欧洲精神史上的这些时期与传统文化关系更为紧密，它有别于西方科学方法取得胜利后的那些时期。炼金术是前科学时代的产物之一。历史学家把炼金术归为化学或世俗科学起源的观点是站不住脚的。因为他们渴望证明科学的开端，以及在冶金工作中的观察结果，从而过分看重那些对科学方法进行粗浅探索的文章，而忽略了其他一些更富有价值的观点，比如炼金术的观点。换言之，相对于炼金术的理论部分而言，这些有关炼金术材料的解读，更多地关注了一些19世纪和20世纪的化学史家的观念，亦即实证科学观念。

本书谨献给三位伟大的科技史学家：普拉富拉·钱德拉·雷爵士、埃蒙德·冯·李普曼和奥尔多·米耶利。他们在1925到1932年之间指导了我的研究。两本以罗马尼亚语出版的小册子：《亚洲炼金术》（布加勒斯特，1935年）和《巴比伦宇宙观》（布加勒斯特，1937年），已经涉及印度、中国和巴比伦的炼金术。第一本书的部分章节被 译成法语，刊于"瑜伽专题论丛"（参见《瑜伽：论印度神秘主义的起源》，巴黎－布加勒斯特，1936年，第254—275页；也可参见《瑜伽：永生与自由》，巴黎，1954年，第274—291页）。《巴比伦炼金术与宇宙观》的一部分（修订和扩充版）的英文版以《冶金术、魔法和炼丹术》（《札尔莫克西斯》，第 1 卷，第 85—129 页，以及《札尔莫克西斯手册》的第一部分）为书名于 1938 年出版。本书使用了大量以前研究所用的材料，包括 1937 年后的那些著作，尤其是有关中国炼丹术的译文、《安比克斯》中的文章和荣格教授发表的文章。本书加入了一些章节，并对整本内容都做了修改，以便符合最新的观点。此外，本书减少了其中的脚注，最新研究成果的详细介绍、重要的参考文献及对某些问题的专题讨论，都被集中放在书后的附录中。

纽约柏林根基金会对本书的完成给予了极大帮助。在此，谨向该基金的受托人表示真诚的感谢！我还要感谢我的朋友奥尔加·弗罗贝－卡普泰因夫人，她十分热心，让我随意参阅象征主义研究档案馆的藏品，该档案馆是她在阿斯科纳一手创建的。同样要感谢我的朋友亨利·安瓦尔德博士、马塞尔·雷保维奇和尼古拉斯·莫尔克维斯库，是他们帮助我搜集和编排文献。还要感谢雷内·拉夫格博士、迪莉娅·拉夫格、罗杰·哥德尔博士和爱丽丝·哥德尔，感谢他们在巴黎和瓦勒多的家中，给予我舒适的工作环境。在此，谨向他们表示衷心的感谢！

目　　录

第一章　陨石与冶金术

陨石必然唤起人们的敬畏之心。它们来自遥远天空的某处，具有 天空的神圣属性。在某些文化中，人们曾经认为石头构成了天空。[①] 即便在今天，澳大利亚的土著人仍相信，天空是由水晶构成的，并认为天上有代表天空神性的石英宝座。水晶可能是从宝座上脱落下来的。事实上，在澳大利亚土著人的萨满教入会仪式中，水晶有着特殊的地位。这种观念还存在于北美、马六甲的小黑人居住区，以及其他地方。[②] 在沙捞越，沿海居住的迪雅克人把水晶称作"光之石"，认为水晶能投射地球上发生的一切事物，并向巫师揭示病人灵魂中发生的事情和他们灵魂的归宿。无须强调巫师是能够"看见"的人，因为他天生就有超常的视觉。巫师能洞见一切。同样，巫师也能洞悉常人无法看见的事物，诸如精灵、众神、灵魂。在入会仪式中，准巫师通过服食石英才能成为真正的巫师。也就是说，其未卜先知和"科学"能力至少部分来自神秘的天人合一观念。[③]

我们应该牢记，早期宗教的意义与陨石关系紧密。陨石从天而降具有天空的神圣性。在某种程度上，这些陨石代表着天空。这就暗示

---

① 参见本书末"附录·注解 A"。

② 参见米尔恰·伊利亚德：《萨满教——古老的入迷术》，第 135 页以下。

③ 我们将看到，在另一个文化圈中，赋予萨满特殊能量的并非水晶而是金属（参见第 061 页）。

了为什么许多陨石被崇拜，或被认为具有神性。在这些陨石中，信徒发现了世界的"原型"，即神性的直接显现。人们认为特洛伊的守护神从天而降。古代的作家认为它是雅典娜的雕像。人们认为位于以弗所的阿尔忒密斯和位于埃莫斯的黑利阿迦巴鲁斯的雕像也来源于天空。（赫罗狄安，第5卷，第3章，第5节）放置在弗里吉亚培希努的陨石被尊为西布莉（Cybele）。遵照阿波罗的神谕，第二次迦太基战争刚一结束，这块陨石就被运往罗马。厄洛斯神的早期形象是一块黑色坚硬的石头，屹立在普拉克希特利斯雕刻的神像一旁。（帕萨尼亚斯，第9卷，第27章，第1节）这样的例子比比皆是，其中最著名的要数麦加的克尔白①。值得注意的是，某些陨石和女神联系在一起，尤其是和生殖女神相联系，比如西布莉。这里，我们遇到了神圣转移的问题：陨石源于天空被人遗忘，取而代之的是生殖之石的宗教信念。后文中，我们将探讨石头生殖力这个主题。

陨石具有天空的属性，因此其阳性本质毋庸争辩。正因为如此，后来某些硅石和新石器时代的工具，被称为"雷石"（thunderstones）、"雷电之齿"（thunderbolt teeth）或是"神的斧子"（God's axes）。陨石坠落的地方就是被雷电击过的地方，雷电被视为天神的武器。② 当这

位天神被风暴之神驱逐的时候，雷电象征着飓风之神和大地女神的神圣结合。这或许可以揭示克里特岛洞穴里大量双斧图案的意义。这些像雷电和陨石的斧子"劈开"了大地，换句话说，它们象征着天与地的结合。③ 德尔菲的名字——古希腊最著名的峡谷——就源于这种神

---

① 建于麦加清真寺内的方形石造殿堂，内有供教徒膜拜的黑色圣石。——汉译者注

② 参见本书末"附录·注解 A"。

③ W. F. 杰克逊·奈特：《库迈之门》（剑桥，1936 年），第101页。

话想象。实际上，"德尔菲"象征着女性的生殖器。正如后文所述，还有许多符号和名称都把地球比作女性。但是，这种类比作为一种原型应该优先从属于宇宙。柏拉图提醒我们，就原型概念而论，女性效仿了大地而非大地仿效女性。（《美涅克塞努篇》，238A）

在学会使用亚铁矿石以前，原始人和陨铁打了很长时间的交道。[①] 再者，众所周知，冶炼技术发明之前，史前人类把某一类矿石，当作普通的石头，也就是说制造石器的原材料。没有冶金知识的人仍然沿用着类似的技术。他们用硅石锤子打制陨石，将陨石打磨成类似他们用过的石器。这就是格陵兰岛上的爱斯基摩人用陨铁制作刀具的方式。[②] 当科尔特斯询问阿兹特克人的酋长，他们的刀是从哪里来的时候，他们指向天空。[③] 就像尤卡坦半岛的玛雅人和秘鲁的印加人那样， <u>22</u> 阿兹特克人只用陨铁，认为陨铁比黄金更贵重。他们对熔炼矿石一无所知。在美洲新大陆的史前遗迹中，考古学家没有发现任何使用铁的遗迹。[④] 中美洲及南美洲的冶金技术可能源于亚洲。最近大量研究表明，中美洲和南美洲的冶金技术，与中国周朝南部的文化关系紧密。（……）鉴于在公元前9到公元前8世纪，多瑙河流域的冶金术通过高加索山脉传入中国，因此，冶金术可能源于多瑙河流域。[⑤]

---

① 参见 G. F. 齐默：《原始人如何使用陨铁》（《钢铁协会期刊》，1916年，第306页以下）。有关原始人和古人使用陨铁的讨论始于1907年的《民族学杂志》（德国），后来蒙特留斯深化了相关讨论，《史前史杂志》，1913年，第289页以下。

② 理查德·安德礼：《原始人的金属》，第129—131页。

③ T. A. 理查德：《人类与金属》，第1卷，第148—149页。

④ R. J. 福布斯：《古代冶金术》，第401页。

⑤ R. 海尼－格尔顿：《南美冶金术的亚洲渊源》（《帕德马》，第5卷，1954年），尤其是第415—416页。

古代东方民族可能也有相似的观念。苏美尔人用最古老的文字AN.BAR 来命名铁，这个词语由象形文字"天空"和"火"组成，通常被译为"天上的金属"或者"星星的金属"。坎贝尔·汤普森将其译为"天空之光（来自陨石）"。在美索不达米亚语中，亚述人称铁为 *parzillu*，但其词源存在争议。有学者认为铁来自苏美尔语 BAR.GAL，"伟大金属"（例如，佩尔森，第 113 页），但大多数学者认为这个词来自亚洲，因为它的后缀是 ill。（福布斯，第 465 页，伯克和戈尔茨认为铁这个词语源于高加索人，参见福布斯，同上）[①]

我们暂不讨论古埃及冶金术的复杂问题。很长时间以来，埃及人只知道陨铁这种金属。在埃及第十八王朝和新王国时期之前，埃及的铁矿似乎都没有被开采过（福布斯，第 429 页）。尽管这些铁制物件是否源自埃及还在争论当中，但在大金字塔（前 2900 年）的石缝和 6 世纪建造的阿拜多斯金字塔中，确实发现了用碲铁（telluric iron）做成的物件。词语"*biz-n. pt*"意思是"来自天上的铁"，或者更准确地说是"来自天上的金属"，清楚地指明了这些词语来自陨石。然而，这个词语有可能最先是对铜的命名（参见福布斯，第 428 页）。在赫梯人那里，我们发现了同样的情况：公元前 14 世纪的文献里记载了赫梯国王使用"来自天上的黑铁"的情况（理查德，《人类与金属》，第 1 卷，第 149 页）。早在米诺斯文明时期（前 2000 年），克里特人就知道了铁陨石，克诺索斯的墓葬中发现了大量的铁器。[②] 希腊词语 *sideros* 或许能证实铁来自"天上"。这个词和 *sidus*, *-eris* 相关，意即"星

---

① 参见本书末"附录·注解 A"。

② 参见本书末"附录·注解 A"。在克里特岛，铁工业从来都不重要。关于在克里特炼铁的希腊神话和传说，很有可能是混淆了克里特岛的艾达山与弗里吉亚的同名的山，在弗里吉亚的确有很发达的炼铁工业。参见福布斯，同上，第 385 页。

星"。立陶宛文字 *svidu* 意即"照亮"，*svideti* 意为"闪耀"。

然而，使用陨石不能算作促成了真正的铁器时代，尽管使用金属持续了很长时间，但金属仍是稀有物品（和黄金同样贵重），多用在宗教仪式中。直到冶炼技术发明后，在人类进化史上具有里程碑意义的铁器时代才正式开启。与黄铜和青铜不同，铁的冶炼很快就工业化了。因为矿藏丰富且易于开采，一旦掌握了冶炼磁铁或赤铁的技术，获得大量的铁就不再是难事了。但是，对碲矿的冶炼不同于陨铁，同样，对陨铁的冶炼也不同于黄铜和青铜。直到发明熔炉之后，特别是在淬炼金属技术成熟之后，铁才占据了主导地位。在亚美尼亚山区，大规模冶金始于公元前 1200 到公元前 1000 年之间。正如我们所注意 ₂₄ 到的，虽然铁（无论陨铁还是露天的铁矿）已经被生活在公元前 3000 年的美索不达米亚人（阿斯马尔遗址、查加尔·巴扎尔遗址、马里古遗址）、小亚细亚人（阿拉加霍裕克遗址）或埃及人（福布斯，第 417 页）所熟悉，但冶金技术是从亚美尼亚山区开始传遍近东、地中海和中欧地区的。直到后来，铁制品才能准确地仿效青铜时代的风格（就像青铜时代开始时也是延续了石器时代的器具样式）。铁器以装饰品、护身符和小雕像的形式出现。很长时间里，铁器保留着神圣性。这种情况现在依然存在于许多原始人群中。

我们关注的问题，不是古代冶金技术发展的各阶段，或者揭示其对历史进程的巨大影响。我们的目的仅仅是揭示象征和巫术-宗教融合的情况。在金属时代，尤其是在工业文明兴盛之后这种融合已经变为现实。在铁器时代，在铁器成为人类政治历史、军事的一个要素之前，它首先催生了精神产物。情况常常如此，物质的形象、符号意义和宗教仪式往往早于其实用性，有时甚至直接催生了物质的实际运用。

在成为日常交通工具之前，双轮战车只用于游行，用来象征太阳或太阳神。此外，只有当太阳轮的象征意义被理解之后，战车的"发现"才成为可能。在改变世界面貌之前，铁器时代首先引发了大量的仪式、神话和象征符号，其影响贯穿人类思想史的整个进程。只有在钢铁工业取胜之后，才适合谈论人类的冶金时代。炼铁技术的发现及发展，赋予了传统冶金术新的意义。正是碎铁冶炼技术使得铁这种金属进入了日常生活。

这一事实影响深远。除了来自天空的陨石本身的神圣性，如今矿山和矿石也都具有大地母亲的神圣性。铁的冶炼技术自然得益于黄铜和青铜冶炼技术的发现。众所周知，从新石器时代开始（前6000—前5000年），人类才少量地使用裸露在地面上的铜。然而，这个时期的人类，将铜当作石头或者骨头来使用，忽视了其金属特性。直到后来，铜的高温加热技术才得以普及。严格意义上说，人类的炼铜史仅可追溯到公元前4000到公元前3500年（阿尔·乌贝德与乌鲁克时期）。即便如此，也不能称其为铜器时代，因为这个时期只有少量的铜产出。

伴随着冶金工业的繁荣，姗姗来迟的铁器时代深刻地影响了冶金术的仪式和象征。一连串铁的禁忌和巫术，都是基于铁的胜利以及铁取代青铜和黄铜这一事实，青铜和黄铜代表着其他时代和神话体系。铁匠首先是一位冶铁工人。铁匠常常四处奔波，寻找原材料和活计，这种居无定所的生活状态，使他能够接触不同的人群。铁匠便成了传播神话、仪式和冶金技术的主要代理人。所有这些事实为我们打开了一扇通往新金属世界的大门，这就是后文将要向读者讲述的那个"精神"世界。

开篇就详述这一历史进程，是十分困难和不明智的。我们最好从几个简单的阶段入手，来进入这个新的金属世界。我们将会遇到一些和巫术宗教观念有密切关联的仪式和神秘事物。这些观念有时互相支 26撑，有时并行不悖，有时水火不容。为了有一个清晰的讨论脉络，我们将会简要地列举这些内容。同时，我们将提供一系列文献，这些文献记载了铁匠铺子的仪式功能、铁匠的矛盾性格，以及"神秘"御火术、铁匠和秘密社团之间的关联。另外，当开始讨论采矿和冶金时，我们遇到了一系列特定概念，涉及大地母亲、矿物世界及其工具的性别，以及冶金术、妇科和助产术之间的关系。首先，要对这些概念做一说明，以便更好地理解金属工匠和铁匠的世界。我们发现，与金属起源神话密切相连，神话-仪式包含了通过对神献祭或神的自我献祭实现创世的观念，农业的奥秘、冶金术和炼金术之间的关联；最终，我们将发现自然生长，助生及"完善"的观念。接下来，我们将揭示这些观念在炼金术形成过程中的重要性。

第二章　铁器时代的神话

27　　铁的那些广为人知的神秘属性不必多讲。无论从天空坠落，还是来自大地母亲的腹部，人们认为铁充满了神秘力量。即使在具有较高文明程度的人群中，我们依然能够发现这种对于金属的敬畏态度。距今不远，马来半岛的酋长都拥有一块圣铁，并将其视为王权的一部分，他们对铁器有一种超乎寻常的敬畏之心。① 没有金属加工知识的原始人更加崇敬铁器。比尔霍人——生活在印度东部山区的原始人——常常将得到的第一份果实，祭献给从其他部落获得的箭头。② 这并非拜物教，或对物品自身的崇拜，也不是迷信，而是对来自外界神奇事物的敬畏。这一事物来自他们熟悉的世界之外，因而是未知世界的象征或符号，一种近乎超自然的象征。在熟悉碎铁（而非陨铁）的文化中，这一点非常明显。在传奇故事里，有关天空金属的记忆仍然在延续，正如对神秘奇迹的信仰。西奈半岛的贝都因人相信，能够用陨铁

28　打造兵器的人，在战场上不会受伤，且战无不胜。③ 这种来自天空的金属不同于地上的金属，它来自天空，因而具有超自然的能量。这就

---

① A．C．柯莱特，转引自佩里：《太阳之子》（伦敦，1927 年），第 391 页。

② 理查德·安德礼：《原始人的金属》，第 42 页。

③ W．E．詹宁斯–布拉姆利：《西奈半岛上的贝都因人》（巴勒斯坦探索基金，1906 年，第 27 页）。转引自罗伯特·艾斯勒：《该隐的标志》（《东方世界》，第 29 期，1929 年，第 48—112 页），第 55 页。

是当时阿拉伯铁器具有神奇的性质，并且能够创造奇迹的原因。这很可能源于偏重神话思维的记忆，这些记忆可追溯到人类使用陨铁的时代。这里我们再次遇到了超自然意象，因为神话保留了传奇时代的记忆，在那个时代，人类相当于半神，具有非凡的能量。这些神话时代与历史时代之间有一段间隔——在传统精神的层面，每段间隔象征着某种超自然力量的消失。

即使在拥有高度发达文明的人群中，铁器仍然享有非凡的巫术 - 宗教威望。普林尼写道：铁可有效对抗毒药，也可以预防梦魇。（《自然史》，第 34 卷，第 44 章）在土耳其、波斯、印度的达雅克族和其他民族中都可以找到类似的信仰。1907 年，戈尔德齐哈尔就已经收集了大量有关铁器击退恶魔的文献。二十年后，塞利格曼将相关文献增加了十倍。关于这一主题的资料数量惊人。正是刀而非其他别的东西击退了魔鬼。在欧洲东北部，铁制品不仅能保护庄稼不受异常天气的影响，也能阻止咒语和邪眼。[①] 在金属时代晚期，最晚出现的金属的价值多数没有被发掘出来，被保存在大量神话中，这些神话包含习俗、禁忌和迷信。犹如铁匠一样，铁器具有两面性，因为铁器也象征着魔鬼。这个观点似乎认为铁器具有"双重胜利"，即贯穿于文明（农业文明）和战争的胜利。这种军事胜利有时相当于魔鬼的胜利。对佤邦查加人来说，铁器自身包含了一种魔力，这种力量是生命与和平的敌人。[②]

铁匠的工具也有这种神圣性。铁锤、风箱和铁砧是神奇的和有活力的。它们能够在魔力的驱使下自己工作，而无须铁匠的辅助。多哥

---

① 铁在魔法、农业及民间医学等中的角色，参见本书末"附录·注解 B"。
② 沃尔特·克莱因：《撒哈拉以南非洲的矿业与冶金术》（巴黎，1937 年），第 117 页。

的铁匠，在谈到他们的工具时，将其形容为"铁锤和它的家族"。在安哥拉，铁锤受人尊敬，因为它能制造出农具，人们敬之如王又护之如子。奥果韦人对相邻部落铁匠的风箱怀有敬畏之情，因为他们不熟悉铁，也制造不出铁器。莫森人和巴·萨卡特人认为铁匠的尊严集中体现在风箱上。[①]就熔炉来说，它的建造是神秘的，构成了某种真实的仪式（参见后文，第 033 页以后）。

这些信仰从金属的神圣力量一直延伸到冶金工具的魔力。从本质上看，制造工具的技艺是非凡的——不论其是神圣的还是邪恶的（因为铁匠同时也锻造邪恶的武器）。石器时代的这些古老的神话残篇很可能保留在或者融入金属时代的神话中了。石制工具和手斧具有一种神秘的力量。这些石器的碰撞犹如雷电一般。石制武器的魔力，不论是邪恶的还是友善的，就像雷电一样，被传递到金属制成的新工具之中，且常常被放大。作为石斧的继承者，铁锤成为神力的象征。这使我们能够理解，为何风暴之神和农业之神有时被认为是铁匠之神。广西土家族将山羊献给用头做铁砧的神丹塞（Däntsien Sân）。风暴来临，丹塞在用于祭祀的野兽的两角之间锻造铁器。他将闪电和雷鸣投向大地，击退群魔，保护人类和庄稼。风暴之神丹塞对应藏族的具誓，也即骑羊护法（金刚善护法）。他骑着山羊，是一位原始苯教本尊神，如今被称为铁匠之神。人类对他的崇拜与风暴、农业和山羊联系在一起。[②]我们发现在多贡人中也存在类似的情况：正是天上的铁匠充当了教化人间的英雄，他给人类带来了粮食的种子和农业。

---

① 理查德·安德礼，同上，第 42 页；沃尔特·克莱因，同上，第 124 页；R. J. 福布斯：《古代冶金术》，第 83 页。

② 多米尼克·施罗德：《度人宗教》（《人类学》，1952 年），第 828 页以下；H. 霍夫曼：《西藏苯教历史之源》（美因茨，1951 年），第 164 页。

现在，我们来浏览下面这组神话意象：风暴之神用"雷石"撞击地球，其标志是双面斧和铁锤。风暴是天堂与地球联姻的信号。当敲打铁砧时，铁匠模仿这位神的原初姿势。事实上，铁匠是这位神的后裔。所有这些神话都围绕着农业丰产、炼金术和铁制品的主题，且都有相对晚近的渊源。冶金术被纳入精神范畴要晚于陶器和农业，在这个精神世界中，仍然存在于采集狩猎社会的天神，最终被一位强大的神所打败，即丰产男性（the fertilizing Male），他是大地母亲的伴侣。当然，众所周知，基于这一宗教视角，神婚和血祭创世说取代了至高无上的天神创世观。我们从创世观念过渡到生殖观念。这就是在冶金神话中，我们会遇到仪式联姻和血祭主题的原因之一。理解献祭或者自我献祭的创世观的新颖性对我们来说至关重要。早期神话仅仅表明世界是从无到有，或者从神所制造的原始物质中诞生的。将血祭作为创世的条件——宇宙演化和人类起源——不仅强调了人类和宇宙的同源（因为宇宙本身源于原始巨人的身躯），而且引入了一个观念，即生命的诞生源于另一个生命的牺牲。这种宇宙和人类起源学说有着极大的影响。如果没有最先的献祭，生命的创造是难以想象的。例如，在奠基仪式中，牺牲者的"生命"或"灵魂"转化为建筑本身，从建筑方面来说，这座建筑变成了牺牲者新的躯体。①

马尔杜克（Marduk）用被降服的海怪提阿马特（Tiamat）的身躯创造了宇宙。类似的主题普遍存在：在日耳曼人的神话中，巨人伊米尔（Ymir）被视为原初物质，在中国和印度神话中，盘古和原人（Purusha）也是如此。原人表示"人类"，在印度的某些传说中，人祭具

---

① 这个观念一直持续到今天：如果不牺牲一些重要的东西，那么什么也得不到，各行各业都包含着自我牺牲。

有宇宙起源的功能。但是这样的牺牲是原型，可以说，被用来献祭的人类象征着神圣的和原初的巨人。这种象征不仅源于造人神话传说，也可追溯到农业起源神话。为了创造人类，马尔杜克牺牲了自己——"我将凝固我的血，我将献出我的骨。我将养育人类，的确，人类是……我将创造人类，地球上的栖息者……"这本文献的第一个译者伦纳德·威廉·金，试图将该文献与柏罗沙斯（公元前4世纪，极具价值的迦勒底历史文献的作者，该文献用希腊语写成，但已失传）记录的美索不达米亚创世传说联系起来。"当贝尔看到地球的荒芜和贫瘠时，便命令诸神之一断其头颅（即贝尔的头颅），将他的血液与泥土混合，创造了有生命的人类和动物。"① 埃及人也有类似的宇宙起源观念。所有这些神话的深远意义十分清晰：创造即献祭。创造生命的方式就是自我牺牲（血液、泪水、精子、灵魂等等）。然而，就形态学而言，另外一组此类主题的神话涉及农业起源，认为农业起源于神或者女神的自我献祭。为了确保人类的生存，需要牺牲一位神——无论这位神是妇女、少女、男人或者小孩，各种可食用的植物从他（或者她）的身体里长出。这类神话为定期举行的仪式提供了原型。这就是人类为了庄稼的丰收而献祭的重要意义：献祭者的身体被肢解后，撒满大地，使土地变得肥沃。② 我们稍后会了解到，根据某些传统，金属源于献祭的原人或者半神的血肉。

此类宇宙起源观念强化了人类与宇宙之间的同源感，一些思想观

---

① 伦纳德·威廉·金：《创世的七块泥版》，第86页。转引自兰登：《苏美尔人的诗：天堂、洪水和人的堕落》，第33—34页；亦参见爱德华·多姆：《巴比伦与亚述宗教》（巴黎，1945年，玛那作品集），第302页、第307页。参见本书末"附录·注解C"。

② 关于由此而来的这些神话母题和仪式，参见伊利亚德：《宗教史论丛》，第293页以下；伊利德：《大地母亲与宇宙神婚》（《爱诺思年鉴》，第22卷，1954年），第87页以下。

念继承且从不同角度深化了这种同源感。植物和矿物王国、工具和周围事物的性别化就源于这些观念。在与性别象征直接联系的形象中，我们一定会想起地球腹部的复杂形象——矿井类似子宫，矿石好比胚胎，这些形象把采矿冶金和分娩生育紧密联系在一起。

第三章　性别化世界

34　　当我们谈论植物的"性别化"时，最好能弄清楚这个词的确切含义。这并不是关于植物繁衍真实情况的问题，而是定性的形态学分类的问题，是人类与世界神秘共鸣之体验的结晶和表述。这种观念将生命投射到宇宙，并使其性别化。这并不是客观的或科学的观察结果，而是以生命方式来评价我们身边的世界，从人类命运的角度认识身边的世界，接受性别、繁衍、死亡和重生。原始人有能力客观地观察植物。在美索不达米亚，人工授粉和嫁接技术的发现充分证实了这一点。《汉穆拉比法典》上至少有两段关于人工嫁接的记录，这表明很久以前人们就熟知这些。后来这些特殊的技艺传给希伯来人和阿拉伯人。①尽管果树嫁接很成功，但人们认为这是一项仪式而非园艺技术。事实上，植物丰产暗示了人的性参与，而人的放纵行为与农业丰收相关，

35　这一点在宗教史中得到了充分的证实。（参见伊利亚德《宗教史论丛》，第 271 及 303 页以下）

　　只需列举柑橘和橙子嫁接的例子，就足以说明这个过程的仪式性特征。伊本·瓦夏在《纳比亚农学》中，为我们描述了美索不达米亚、波斯和埃及农民的这种风俗。虽然此书已失传，但从迈蒙尼德引用的章节中，依然能领会到近东地区果树授粉和嫁接的迷信特征。按

---

① 参见本书末"附录·注解 D"。

照迈蒙尼德的说法，犹太人禁止吃嫁接的柠檬，是为了防止人们对邻国人放纵行为的模仿。伊本·瓦夏——他不是唯一着迷于此类概念的东方作家——提及不同植物间的嫁接技术（违背自然规律）。他说，比如将一条柠檬树枝嫁接到月桂树或橄榄树上，就会产出如同橄榄大小的柠檬。但是他明确表示，这种嫁接只有在日月合璧的时候，通过仪式才会成功。他这样解释这种仪式："用于嫁接的枝条必须由一位美丽的少女拿着，同时和一个男人进行无耻和反常的性交。在性交过程中，少女将树枝嫁接到树上。"[1] 人类性参与的重要性是显而易见的：为了确保植物界"不自然"的结合，人类之间反常的性交是必要的。

当然，这种宇宙观与鼓励人们客观观察植物生命的观点迥然不同。与其他古代东方人一样，美索不达米亚人用"阳性"和"阴性"对植物进行分类，这种分类明显涉及形态学标准（例如，与人类的生殖器官相似）和特定巫术过程中植物摆放的位置。因此人们将柏树和曼陀罗草归为"阳性"，而因形式和礼仪功能的需要，灌木 nikibtu（苏合香树）有时被归为"阳性"，有时被归为"阴性"。[2] 古印度也有相似的观念。例如，遮罗迦了解植物的性状（《药用制备部》，第5章，第3节），梵文术语使这种原始直觉更为清晰，这种原始直觉是：植物种类与人类生殖器官是一一对应的。[3]

因此，这里我们遇到一个宇宙现实的泛化观念，这一观念认为宇宙是有生命的，因而具有性别——性别是生物界的一个特殊标识。在

36

---

[1] S. 托克斯基改编并评论的《金苹果园——有关柑橘果的文化和食用历史》，第56页、第129—130页。

[2] R. 坎贝尔·汤普森：《亚述草药》（伦敦，1943年），第19—20页。

[3] 参见伊利亚德：《古印度植物知识》（《克卢日科学学会简报》，第6卷，1932年，第221—237页），第234—235页。

文化水平发展到某个阶段时，整个世界都呈现出"性"的特征，包括自然界、人类制作的工具和被征服的世界。以下例子是专门从不同文化背景中选取的，用来证实这种观念的普遍性和根深蒂固。巴基塔拉人将矿石分为阳性和阴性：前者裸露在地表之上，质地坚硬，颜色发黑；后者来自矿井深处，质地柔软，颜色泛红。想要将这两种性别的矿石混合起来，有效的融合是必不可少的。① 当然，客观地讲，这是一种随意的分类，因为矿石的颜色或者硬度并不经常与其"性能力"相对应。但是，这种事实上的结合行为却是至关重要的，因为它符合仪式，即所谓的"金属的结合"，而最终使生命成为可能。古代中国也有相似的观念。大禹是上古时期的冶金能手，他能够区别金属的性别，由此，他发现熔炉与阴阳这两个宇宙法则具有相似性。② 稍后我们将回到中国冶金传统的主题上，因为金属的婚姻，这一非常古老的观念，一直延续并在炼金术中得到了总结。

除了矿石和金属，石头以及珍贵的宝石同样被赋予性别。美索不达米亚人根据宝石的形状、颜色和光泽，将它们分为男性和女性。博森翻译的一篇亚述文献中记载："菱形宝石是阳性的（形状上），黄铜矿是阴性的（形状上）。"博森补充道："阳性"石头色泽更为鲜艳，而"阴性"石头色泽较为暗淡。③（即使在今天，珠宝商仍根据珠宝的光泽度来区分其性别。）在巴比伦宗教文献的开端部分，我们发现了关于矿物盐和矿石的相似分类，这种分类被保留在医学文献中。④ 炼金

---

① 克莱因：《撒哈拉以南非洲的矿业和冶金术》，第 117 页。

② 马赛尔·葛兰言：《古代中国的舞蹈和传说》（巴黎，1926 年），第 496 页。

③ G. 博森：《亚述巴比伦铭文中的金属和宝石》（慕尼黑，1914 年），第 73 页。

④ R. 艾斯勒：《古巴比伦化学术语》，第 116 页；G. F. 库恩茨：《宝石和饰品的魔法》（费城 – 伦敦，1915 年），第 188 页。

术文献和中世纪宝石匠保存了矿石和石头的性别分类，① 例如，青金石是阳性或阴性的，等等。

犹太神秘主义者、注经家巴哈·本·亚瑟（死于 1340 年）写道："阴阳性不仅存在于棕榈树中，而且存在于所有的植物种类中。同样， 我们在矿产中也会发现阳性和阴性的天然区分。"萨巴泰·唐诺勒（10 世纪）也讨论过矿物的性别。阿拉伯学者及神秘主义者伊本·西那（980—1037 年）声称："浪漫的爱情"是神圣的、天然的，这不仅适用于人类也适用于任何事物，例如植物和矿产。但是人们既没有察觉也不理解浪漫爱情的意义，对它的解释也更令人费解。② 浪漫的爱情让金属变得更有"活力"，这种观念已经被金属的性别和婚姻所证实。

工具同样有性别的区分。"什么是最好的武器？"诗人伊本·艾瑞米感叹道：最好的佩剑有锋利的男性刀口和女性刀刃。③ 阿拉伯人把质地坚硬的铁称作"男人"，质地柔软的铁称作"女人"。④ 坦噶尼喀的铁匠们，在砖窑上打不同的洞，最宽的洞叫作"妈妈"。"煅烧完成

---

① 叙利亚冶金术文献中提及，例如"女性镁元素"（E. 冯·李普曼主编：《炼金术的起源与传播》，第 1 卷，第 393 页）。宝石匠中的石头"性别"观念：尤利乌斯·鲁斯卡：《亚里士多德的玉石记》（海德堡，1912 年），第 18 页、第 165 页。古典时期矿石性别的观念：诺恩诺斯：《酒神》（勒布主编，经典文库），第 1 卷，第 81 页。基督徒和古典时期关于"有生命的石头"的观念，参见 J. C. 普拉皮：《有生命的石和玉》（《传统》，第 1 卷，1943 年，第 1—14 页）。

② 萨洛蒙·甘兹：《巴勒斯坦和阿拉伯半岛人工培育海枣》，第 246 页。

③ F. W. 施瓦茨罗：《古阿拉伯人诗歌精选》，第 142 页。参见 E. 冯·李普曼：《炼金术的起源与传播》，第 403 页。其中涉及中国的干将和莫邪，参见葛兰言：《古代中国的舞蹈和传说》，第 496 页。鼓和铃都有性别的区分，参见康德谟：《制服波涛的人》（汉学，《北京汉学研究中心期刊》，第 3 卷，1948 年，第 1—113 页），第 39 页，第 141 条。

④ 利奥·维纳：《非洲及美洲的发现》（费城，1922 年），第 3 卷，第 11—12 页。

后，正是通过这个洞口，人们倒出渣滓、矿渣、烧红的铁块等。和'妈妈'相对的洞口叫作 *isi*（父亲），他们会在这个洞口放上最好的风箱。中间的一些小洞叫作 *aana*（孩子）。"[1] 在欧洲人的冶金术语中，窑是釉彩熔化炼制的地方，被称为母体或母亲的怀抱（子宫）。如今，欧洲词汇（如德语的胎盘，*Mutterkuchen*，以及蛋糕，*Kuchen*）中仍保留着，将劳作比作母体内胚胎的生长，这种劳作（如冶金、锻造、烹饪等）都用到了火。[2] 在这种观念下，丰产、生殖之石和雨石的信仰得以形成。[3] 在这之前，有一种更为原始的对生殖之石的信仰。

当天空下起大雨时，达雅克族会认为雨水是阳性的。[4]《以诺书》（第53章，第9—10节）将"宇宙水"做了如下分类："雨水扮演男性角色，井水扮演女性角色。"由河流补给的井象征着男女的完美结合（《光辉书》，第14b栏，第11章，第152节）。在印度吠陀时代，祭祀性的圣坛（*vedi*）是女性的，而仪式上的火（*agni*）是男性的，"两者结合后子孙延绵不绝"。我们身处复杂的象征体系，这一体系不能被简化成单一的指代。因为，一方面，圣坛被比作大地的肚脐，是"中心"的典型象征。但肚脐也被认为是女神的子宫。（参见《百道梵书》，第1卷，第9编，第2章，第21道）另一方面，火自身就被看作

---

① R. P. 魏卡特：《坦噶尼喀的异教徒铁匠和基督徒铁匠》（《人类学》，第9期，1914年，第371—380页），第372页。马绍纳人和阿隆达人认为暖炉具有"雌性特征"；参见克莱因，同上，第41页。

② 参见 R. 艾斯勒：《古巴比伦化学术语》，第115页。

③ 有关书目，参见伊利亚德：《宗教史论丛》，第208—210页。有关雌性的石头，参见 G. 博森：《金属和石头：苏美尔－亚述－巴比伦的印迹》（《东方研究杂志》，第3卷，第379—420页），B. 劳费尔：《钻石》（芝加哥，1915年），第9页以后。

④ A. 贝尔托莱：《神的性别》（图宾根，1943年），第23页。在这个系列中有许多其他有关物质世界的性别的资料。

两性交媾的产物（后裔）：因为火是由一根木棒（代表着男性器官）在一个木制的凹口（代表女性器官）里来回摩擦（摩擦被比作交配）而产生的。（参见《梨俱吠陀》，第 3 卷，第 29 章，第 2 节以下；第 5 卷，第 11 章，第 6 节；第 6 卷，第 48 章，第 5 节）诸多原始社会都有关于火的这种类比。[①] 但是，所有这些涉及性别的语词，都传达出以圣婚为基础的宇宙观。世界起源于一个中心（肚脐），万物的构建和 **40** 产生必须从这个起点开始，模仿这个原型。火的仪式性生成模仿了世界的诞生。这就是为什么在年末，所有的火都要熄灭（重演宇宙之夜），然后在新年又会重新点燃（重演宇宙生成，世界重生）。尽管如此，火并没有失去它的矛盾特性：火既是神圣的起源，也是恶魔的化身（因为根据一些原始观念，火是从女巫师的性器官里产生的）。因此在讨论与铁匠有关的神奇事件之前，我们最好先回归到火的矛盾特性上来。

正如估计的那样，最明显的性别和女性象征是大地母亲的形象。这里不讨论人类起源的神话和传说（参见伊利亚德《宗教史论丛》，第 216 页以下）。有时，人们用胚胎学和助产术的术语来描述人类起源。例如，根据祖尼人的神话传说，人类降生在四个幽冥洞穴的最深处（天地神婚的结果）。由神秘孪生子引领，人类从一个"子宫"爬到另一个，直到爬出地面。在这类神话中，大地对应着母亲的形象，人类起源以个体发生学的方式呈现出来。胚胎的形成和孩子的出生，不断重复着人类降生的远古传说，这一传说认为人类出生于地狱洞穴的最深处。[②] 类似的信仰，以传奇故事、迷信，或者象征符号的形式，

---

① 参见本书末"附录·注解 E"。
② 有关祖尼神话和其他版本，参见伊利亚德：《大地母亲与宇宙神婚》，第 60 页以下。

依然流传于欧洲部分地区。在欧洲有些地区，几乎所有的城镇和乡村
都流行着小孩从岩石或者泉水中出生的信仰（儿童喷泉、儿童池、男
孩泉等）。

但是，最显著的是矿石分娩的信仰，由此，人们将洞穴和矿井比
作大地母亲的子宫。人们认为神圣的美索不达米亚河流，发源于女神
的生殖器官。河流源头则被看作大地的阴道。在巴比伦语中，*pú* 一词
既表示"河流的源头"，又表示"女性的阴道"。苏美尔词语 *buru* 意即
"阴道"与"河流"。巴比伦语的 *nagbu* "河流"一词与希伯来语的
neqeba "女性"一词相连。在希伯来语中，"井"这个字有"女人"
和"配偶"的意思。埃及词语 *bi* 表示"子宫"和"矿道"。[①] 同样值
得我们注意的是，人们将洞穴比作大地母亲的子宫。史前时期，洞穴
的仪式功能，同样被解释为神秘回归母亲，这也有助于解释为什么洞
穴既是坟墓，又是举行入会仪式的地方。这种原始直觉思维根深蒂固。
我们发现 *delph*（子宫）这个名称被保存在希腊最神圣的圣所德尔菲
（Delphi）的名字中。杰克逊骑士认为：女预言家西比尔所处的三个不
同地方都存在红土大陆：库迈近郊，马佩索斯和伊庇鲁斯。当然，西
比尔与洞穴祭祀密切相关。红土大陆则象征着女神的血液。（参见
《库迈之门》，第 56 页）

三角形有着相似的象征意义。帕萨尼亚斯（第 2 卷，第 21 章）提
到，阿尔戈斯有一个叫作德尔塔（Delta，Delta 是第四个希腊字母的读
音，其大写为△）的地方，被认为是德墨忒尔神庙所在地。菲克和艾
斯勒将这个三角形解释为"外阴"。如果德尔塔保留着发源地或者本

---

① W. F. 奥尔布赖特：《郎格顿史诗作品中的几个问题》（《美国东方学会会刊》，第 39
期，1919 年，第 65—90 页），第 69—70 页。

源的意思，这一解释便无可非议。对于希腊人而言，德尔塔是女性的象征。毕达哥拉斯学派认为这个三角形是生命的起源，因为它形式完美，是生命力的原型。在印度文化中，三角形有着同样的象征意义。[①]

现在，须要强调的是：如果将河流、矿道及洞穴比作大地母亲的阴道，那么即使是处于妊娠期，大地母亲腹部的所有事物都是有生命的。换言之，某种意义上，来自矿井深处的矿石就是胚胎：矿石缓慢生长，似乎遵循着某种有别于动植物的节奏。尽管如此，矿石确实在生长——在黑暗的地下变得"成熟"。因此，开采矿石是在其自然成熟之前的一项操作。如果被给予充足的生长时间（矿石生长的地质时间节奏），矿石会自然成熟，变成"完美的"金属。稍后，我们将列举关于矿石胚胎观念的一些具体例子。但即使在这时候，我们依然能够理解，在矿产的成长过程中，矿工和金匠所承担的责任和起到的辅助作用。矿工们努力证实自己参与了矿物生长的过程。为了说明这一点，矿工和金匠宣称，通过冶金技术，他们的劳动正在取代大自然的工作。通过加速金属的生长周期，他们加快了时间节律：地质节奏变为生物节奏。人类据此坚守了对自然的全部责任，这种大胆的观念已经足以让我们管窥炼金术士的部分工作成果。

---

① 参见本书末"附录·注解 F"。

第四章　大地母亲与生殖之石

43　　在关于石头的诸多神话中，两类神话信仰与我们的研究相关：一类是人类出生于石头的神话，一类是矿石出生和成熟于大地腹中的信仰。两者都暗示了，石头具有生命，是生命和生殖力的源头，如同大地创造了石头，石头创造了人类。

　　很多神话涉及人类源于石头的主题。这个主题不断出现在中美洲的伟大文明（印加文明和玛雅文明）中，南美洲一些部落的传说中，希腊、闪米特、高加索地区，以及从小亚细亚到大洋洲的广袤地区。[①]丢卡利翁（Deucalion）将"母亲的骨头"扔到身后，再造了人类世界。这些大地母亲的"骨头"其实就是石头——石头代表原初物质（Urgrund）、不可摧毁的现实和新生人类的本源（matrix）。石头是某种绝对现实、生命和神圣的原型形象，这已被无数神话所证实，这些神话讲述了诸神诞生于类似至高女神即世界本源（matrix mundi）的生殖之石（petra genitrix）。《旧约》保留了人类源于石头的古老的闪米特传

44　说。但更显著的是，基督教传说将这种原型形象提升到了无以复加的层面，认为救世主出生于石头，一些罗马尼亚圣诞颂歌讲述了救世主基督诞生于石头的故事。[②]

---

　　① 参见本书末"附录·注解 G"。

　　② 参见本书末"附录·注解 G"。完全没有必要回顾关于生殖之石和"升降"仪式的信仰。它们的意思很清楚：力量、现实、繁殖力、神圣，都是人类周围事物的拟人化。毫无疑问石头成为生命的想象和象征。

第二类信仰尤其值得注意，认为矿石和石头出生于大地之腹。岩石可产出宝石。绿宝石的梵文名称叫作 *açmagarbhaja*，即从岩石中出生。印度矿物学论著，将宝石源于岩石比作宝石在母体中。[1]《宝石之书》的作者，以胚胎学概念划分钻石和水晶的年龄。例如，钻石是 *pakka*，即成熟，而水晶则是 *kaccha*，即不成熟的、绿色的、发育不好的。[2] 直到 17 世纪，欧洲还流传着类似的观念。在《印度信使》（1672 年，第 12 页）中，德·若斯奈尔写道："特别是红宝石，逐渐从含矿的土壤中生成，最初呈现为白色，然后在成熟的过程中逐渐变成红色。这就是为什么一些宝石是白色的，而另外一些则是红白参半……就像母体内的婴儿依靠鲜血喂养一样，红宝石的生长过程也是如此。"[3] 贝尔德·帕里西相信，宝石成熟于矿物中，就像水果一样，他写道："矿物生长的每一阶段都会呈现不同的颜色。"[4]

德·若斯奈尔将"依靠母体鲜血养活的婴儿"，比作成熟于地下的红宝石，从而证实了在某些萨满教义和仪式中存在同样的类比现象。例如，切罗基族的萨满拥有一块水晶，每年需要用动物的鲜血喂养两次：如果水晶缺少鲜血，就会飞向天空，袭击人类，水晶被喂养了鲜血后，便会平静地睡去。[5]

长期以来，金属生长于矿井腹中的观念，在西方作家的矿物学观

① R. 加布：《印度矿物》（莱比锡，1882 年），第 76 页。

② G. F. 库恩茨：《宝石和饰品的魔法》，第 134 页。

③ 转引自保罗·塞比洛特：《公共工程、传统矿产及人们的迷信活动》（巴黎，1894 年），第 395 页。

④ 转引自贾斯东·巴舍拉尔：《地球和意志的遐想》（巴黎，1948 年），第 247 页。

⑤ 参见 J. 穆尼：《切罗基的神话》，转引自佩里：《太阳之子》，第 401 页。在这里我们主要处理几种思想的融合。活的石头和魔法石的观念被融入神灵附体的萨满的观念中，这些萨满的身体里装满了魔法石。参见伊利亚德《萨满教》，第 133 页及各处。

念中占有一席之地。卡丹认为："金属对于山脉，就像大树一样，有根茎、主干、枝干和树叶。""如果植物不被泥土覆盖，矿藏如何生成？"① 培根记载："古人认为在塞浦路斯岛，将铁切割成小块，埋在地里并经常浇灌，这些铁块就会像植物那样慢慢长大。"② 值得注意的是，这些关于金属生长的原始观念，持续了很长时间，经受了科技和理性数百年的检验（读者只需回想一下那些被希腊科学界所接受的矿物学观念）。对此的解释难道不是这样的吗？即诸如此类的传统观念，最终看来要比对矿物王国的具体观察更为真实。之所以会更加真实，是因为石器时代崇高的神话传播了这种观念，并赋予其意义。

同理，在经过一段时间的集中开采后，矿井就会进入休眠期。矿井——大地母体——需要时间来产出新矿石。普林尼写道：西班牙方铅矿在一段时间之后才会"重生"。（《自然史》，第 34 卷，第 49 章）古希腊地理学家斯特拉伯持有相似观念。（《地理学》，第 5 卷，第 2 章）17 世纪的一位西班牙作家巴尔巴也说：如果将枯竭的矿井封闭休养生息十五年左右，就可以重新产出矿石。他补充道，有些人认为金属在世界之初就已形成，这种观念是完全错误的：金属"生长"于矿物中。③ 这种观点在非洲金属学家那儿得到了共鸣，同时也解释了德兰士瓦镇将古老的矿井封闭起来的原因。④

人们有时候用植物界的词汇，来描述矿石"生长"和"成熟"这幅地下生命画面。化学家格劳贝尔说："人们将已经成熟但却没有被开

① 《伊厚门·卡达努斯的书》译本，1556 年，第 106 页、第 108 页。转引自 G. 巴舍拉尔，第 244—245 页。

② 培根：《木林集》，第 3 卷，第 153 页。转引自 G. 巴舍拉尔，第 244 页。

③ 转引自保罗·塞比洛特：《公共工程、传统矿产及人们的迷信活动》，第 398 页。

④ 克莱因：《非洲的矿业及冶金术》，第 59 页。

采与冶炼的铁比作体衰的老人……自然界中，金属的生命节奏如同动植物一样。"[1] 正如《法国人积累财富的真经》[2]（拉罗谢尔，1563 年）中，贝尔德·帕里西所讲："上帝创造万物并不是为了让它们闲置。恒星和行星都在运转……大海潮涨潮落……同样大地也没有停滞……大地以各种方式不断进行生命的补给和循环。万物复始，包括大地母亲的外表；同样，大地的内部和母体竭力生产。"[3]

的确，像农业一样，冶金术——也以大地母亲的丰产为前提——最终给人一种自信和自豪感。人们觉得自己有能力与自然协作，并促进大地腹中矿石的生长。矿工缩短了原本在地下缓慢成长的矿石的生长周期。某种程度上，矿工完成了时间的工作。因此，18 世纪的作家宣称："起初大自然能做的，只要按照自然规律，我们也可以做到。或许，大自然花了几个世纪仍在做的事情，我们却可以瞬间完成。我们帮助大自然，使其处于最佳状态。我们也可以像做面包那样制造金属。没有人类，庄稼不会丰收，没有磨盘，玉米也不会变成面粉，更不用说通过加水搅拌和烘烤，把面粉变成面包了。和自然协作生产矿物，就像农业劳作那样，我们最终都会获得财富。"[4]

正如我们所知，炼金术在同样的精神范畴占有一席之地：炼金术士完善大自然的同时，也完善了自身。事实上，探究冶金学和炼金术传统的共生关系是十分有趣的。关于这个主题，《采矿手册》保留了

---

① 转引自 G. 巴舍拉尔，第 247 页。

② 一本所有法国人都可以通过它增加财富累积的真正秘籍。——英译者注

③ A. 杜布雷在《中世纪的矿工如何提炼矿物》（《学者期刊》，1890 年，第 379—392 页、第 441—452 页）中部分引用，第 382 页。

④ 简·雷南德：《百科研究》，第 4 卷，第 487 页。转引自杜布雷：《中世纪的矿工如何提炼矿物》，第 383 页。

极其珍贵的资料。《采矿手册》1505 年出版于奥格斯堡，是第一本讨论这个主题的德语著作。在 1530 年出版的《论冶矿》的序言中，阿格里科拉将《采矿手册》归功于科尔布斯·费布杰斯——一位与弗莱堡的矿工生活在一起的知名医生——他以炼金术的观点阐释了矿工的信仰和工作。这本非常珍贵和深奥的小书，由杜布雷和一位叫作科布修林的采矿工程师合译，1890 年刊于《学者期刊》。内容由谙熟矿物学传统的专家丹尼尔和年轻学徒之间的对话构成。丹尼尔向学徒解释了矿石出生的秘密，给他传授采矿知识——矿石的方位、采矿的技术等。"值得注意的是，为了铁矿的产出和生长，就必须有生产者和一些生产对象。"[①] 作者引用了流行于中世纪的信条：矿产是硫化物和水银结合的产物。"当然，也有人认为金属并非产生于水银，因为很多金属矿位于没有水银的地方。他们假设，取代水银的是另外一种黏液状的物质，潮湿、阴冷、且不含硫黄，如土壤分泌出的汗液。这一物质与硫黄结合，可以产出各色金属。"（同上，第 387 页）"此外，在水银、硫黄和铁结合的过程中，硫黄就像男性种子，水银就像女性种子，两者结合产出金属。"（同上，第 388 页）正如矿脉是出产矿石的自然容器，矿石的顺利产出需要"某种自然容器"（同上，第 388 页）。"金属或者矿石能量凭借快捷的方式或渠道进入这个自然容器，比如动物的毛发。"（同上，第 388 页）罗盘指针可以探明矿脉的方位。《采矿手册》记载了星辰控制金属形成的传说。月亮影响着银矿的形成。根据矿脉的方位，月亮的位置标记着矿脉的含银量。（同上，第 422 页）正如我们猜测的那样，太阳影响着金矿的形成。"根据先哲的说法，金矿主要是由硫黄构成的，最有可能是，金矿在地下经过改良，通过天气变化

---

① A. 杜布雷，同上，第 387 页。

尤其是太阳的作用，金矿不再含有杂质和湿气，这些杂质和湿气经过火的洗礼被过滤了……"（同上，第443页）同样，《采矿手册》记载金星影响铜矿的生产，火星影响铁矿的生产，土星影响铅矿的生产。[①]

这本著作非常重要，记载了整个矿业传统的复杂融合情况。一方面，来自矿物胚胎学的原始观念；另一方面，来自古巴比伦占星术思想。很显然，后者认为金属源于大地母亲的腹部。同样，炼金术吸收了《采矿手册》的观点，认为硫黄和水银的结合形成了矿石。《采矿手册》中，原始流行传统与学界传统之间有一条明晰的界线，原始流行传统即大地母亲的丰产，学界传统则来自巴比伦学说，包括宇宙论和占星术。希腊和西方炼金术充分证实了这两种思潮的合流。换言之，至少部分炼金术的"史前史"可追溯到原始的神话和观念，而非美索不达米亚的文明传统。

50

正如我们所提到的，这份宝贵的遗产包括矿石起源的胚胎学概念。的确，普遍流行的传统证实了自然的终结信念，这一点确实值得注意。如果自然的孕育过程不被打断，那么所有的矿石将如期变为金子。西方炼金术士认为："如果按照自然规律发展，没有外部阻碍，自然一定会实现自己的愿望……这就是为什么我们将半成品金属看作流产和畸形，这种情况的出现仅因为大自然被误导，或者是遇到了顽固的阻力，或者遇到阻碍其正常发展的事物……因此，尽管大自然只希望产出一种金属，她却发现自己被迫产出了好几种金属。黄金是她唯一想要的孩子。黄金是她唯一合法的孩子，因为只有黄金才是大自然想努力得

---

① A. 杜布雷，第445—446页。关于行星对金属形成和生长影响的其他炼金术文献，参见约翰·里德《化学导论》（伦敦，1939年），第96页以下；阿尔伯特-玛丽·施密特《16世纪法国科学诗》（巴黎，1938年），第321页以下。

到的东西。"① 关于金属的自然变形的信仰在中国有着深厚的渊源。这种信仰遍布越南、印度以及印度群岛。越南北部农民有句谚语："黄金的母亲是黑色的青铜。"青铜自然生成黄金，但只有在地下埋藏足够时间，青铜才能变成黄金。"因此越南人相信，黄金在矿井中经过了漫长的时间才得以形成。如果有人很久之前在这里挖到了青铜，今天他就会在同样的地方发现金子。"② 早在公元前 122 年，中国典籍《淮南子》③ 中就提到人类可以加速金属变质的观念。炼金术只是加速了金属的生长。像西方的同行一样，中国的炼金术士通过干预时间节律参与自然的工作。他们认为，如果将矿石埋藏在地下母体内，数千年之后都会变成黄金。通过加速大地母亲腹中矿石的生长，冶金学家将胚胎（矿石）转化成金属，同样，炼金术士梦想着延续这种人工的加速，最终使贱金属变为贵金属黄金。

《完美的总结》④ 是一部讨论 14 世纪炼金术的著作，书中记载："大自然在很长时间内不能完善的，我们通过技术在很短时间内即可完成。"本·杰森《炼金术士》（第二幕，第二场）详尽阐释了同样的观念。该剧中，瑟里对炼金术观点表示怀疑。炼金术将金属的生长比作动物胚胎的形成，由此，正如鸡蛋孵出小鸡，任何金属经过在地下漫

---

① M. J. M. D. R：《化学哲学文库》新版，巴黎，1741 年，前言，第 24 页、第 29 页。转引自 G. 巴舍拉尔：《地球和意志的遐想》，第 247 页。

② 让·普祖鲁斯基：《黄金的起源和魔力》（《法国远东学院学报》，第 14 期，1914 年，第 1—16 页），第 3 页。有关石头在地下生长的观点在安南地区广为流传。参见 R. 石泰安《远东微型世界观》，第 76 页。

③ 参见 H. 德效骞部分译文：《炼丹术的起源》，第 71—73 页。该文献如不是邹衍大师本人创作，便是其学派所创作的（孟子时期，公元前 4 世纪）；参见德效骞，第 74 页。

④ 长期以来人们认为这本书是贾比尔所著，J. 鲁斯卡证明了这种观点并不正确。参见约翰·里德：《化学导论》，第 48 页。

长的成长过程，最终将变为金子。瑟里说："因为在自然界中鸡蛋注定能孵化出小鸡。"苏博特说："同样，只要有充足的时间，铅和其他金属也会变成金子。"麦蒙补充说："而且我们的技艺更为精湛。"

因此，黄金的"高贵"特质犹如熟透了的水果，其他金属由于未加提炼，所以是不成熟和"普通"的。换句话说，大自然的终极目标是促进矿物完善趋于"至善"。金属注定变为黄金。大自然的倾向就是完善自然界的所有事物。自从金子成为至高无上的精神象征符号 52 （印度著作反复强调"黄金就是永生"），[1] 一种新的观念便应运而生：炼金术士认为自己与大自然关系密切，是大自然的拯救者。炼金术士帮助大自然完成目标，实现理想，这是对大自然衍生品的完善——无论它是矿物、动物或者人类——使其达到完美状态，即绝对的永生和自由（黄金象征着权威和独立）。

这种炼金术－救世神学思想为上述观念奠定了基础，在西方炼金术文献中随处可见。例如，荣格就曾明确强调这些思想的极端重要性。对此，我们更倾向于强调这种炼金术－救世神学的前提的久远历史。正如大地母亲的形象早于索菲亚的形象，孕育各类胚胎的大地母亲形象要早于大自然自身的形象。因此，现在回顾这个十分古老的象征体系显得非常重要，其中，大地被比作母亲的怀抱，矿井被比作母体，矿石被比作胚胎。一系列矿物和冶金术的仪式均源于这种象征体系。

---

①《黑夜柔吠陀·弥勒本集》（第2卷，第2编，第2章）；《百道梵书》（第3卷，第8编，第2章，第27篇）；《爱达罗氏梵书》（第7卷，第4编，第6章）；等等。

第五章　冶金术仪式及其奥秘

53　　矿或未开采的矿脉很难被发现，通常由神灵指示矿藏的位置，并指导人类开采。直到最近，很多欧洲国家还流行着此类信条。16 世纪，希腊旅行家卢谢思·尼坎德来到列日，记录了流传于法国北部和比利时的开采煤矿的传奇故事。一位天使扮成德高望重的老人，向正在用木材加热熔炉的铁匠指示了煤矿的位置。在非尼斯泰尔省，流传着仙子（groac'k）向人们指示含银铅矿的故事，还有矿山守护神佩兰（Péran）发明冶炼方法的故事。①

　　在此，不分析这类神话产生的基础，关于圣·佩兰的神圣叙事赋予了其新的意义。在其他传统中，采矿和冶金的发明者也是半人半神或文明英雄、神圣使者。中国的传说人物开山者大禹就是一个生动的例子。大禹赶走疾病，给人类带来健康，他还是一个快乐的矿工，谙熟这一行当的仪式。② 这里，我不再赘述依然流传于欧洲的采矿故事

54　和那些神话人物，如"开山神"，也被称作"山中僧侣"；或者幽灵"白夫人"，她显灵的地方伴随着塌方灾难；或者其他无数的精灵、幽

---

① 保罗·塞比洛特：《公共工程、传统矿产及人们的迷信活动》，第 406 页、第 410 页以下。

② 葛兰言：《古代中国的舞蹈和传说》，第 496 页。参见第 610 页以下。

灵和地下神灵。①

采矿或者建造熔炉是一项非常原始的宗教仪式活动，记得这一点就足够了。采矿仪式在欧洲一直持续到中世纪末期：每一座新矿井的开采都伴随着宗教仪式。（保罗·塞比洛特，同上，第421页）为了解释这些传统的悠久历史和复杂性，我们必须参照别的文化传统。这些仪式的表述、目的及潜在的观念，因文化的不同而存在很大差异。首先，值得注意的是，人们要安抚守护矿井的神灵。哈尔认为："对锡矿及其特性，马来矿工有独到的理解。他们认为必须安抚那些控制和保护着锡矿的神灵，相信锡矿是有生命的，具有生物的许多特征。锡矿来去自由，自我繁衍，有着和人类一样的感情。人们主张，对待锡矿要怀有一丝敬意，还要留意其特殊属性。更耐人寻味的是，锡矿必须在它毫无知觉的情况下被开采。"②

顺便提一下矿石的动物特征：矿石有生命，随心所欲，来去自由，对人类怜悯或者厌恶——这种行为类似于游戏中的猎人。尽管马来人 55 接受了伊斯兰教，但这一"外来"的宗教无力保障采矿的顺利进行。由于这片土地的古老神灵看护和控制着矿产，矿工必须求助于被伊斯兰教驱逐的本土祭司。马来矿工祈求巫师或者萨迦萨满（萨迦萨满属于远古时期的马来民族）来主持采矿仪式。因为这些萨满通晓原始的宗教知识，能够安抚矿石的守护神，对矿井的神灵非常虔诚。③ 因此，萨满在开采金矿（金矿和锡矿是马来人的主要矿物资源）中的作用无可替代。信仰伊斯兰教的矿工，必须非常小心地保护他们的宗教，以

① 保罗·塞比洛特，同上，第479—493页及各处。有关矿产的神话和形象，参见 G. 巴舍拉尔《地球和意志的遐想》，第183页以下及各处。

② A. 哈尔，转引自 W. W. 斯基特：《马来传奇》（伦敦，1920 年），第250—260页。

③ 同上，第253页。

031

防异教侵入。"马来人认为黄金为神灵所拥有和管理，因此，开采黄金被认为是对神灵的不敬。矿工必须通过祈祷和献祭获得神灵的支持，并避免说出神（真主）的名字或者举行伊斯兰教仪式。任何以真主名义冒犯本土神明的行为，都会导致金矿关闭和黄金隐藏。"[1] 在宗教史中，外来教义与本地宗教之间的这种张力非常明显。与其他地方一样，马来半岛的本土神明与大地崇拜联系在一起。大地的财富、它的作品和子女都属于本土原住民，这些宗教只赋予原住民开采矿物的权力。

在非洲，巴耶克人认为，当新矿道开通时，被祭司和矿工围绕的**56**酋长，必须向管理矿井的古老的"铜精灵"祈祷。通常由酋长决定开采的位置，只有这样才不会打扰或激怒守护这里的山神。同样，巴基塔拉矿工必须向"本土的神明"献祭，并在开采中，严格遵守禁忌，尤其是性禁忌。[2] 仪式的纯洁性显得十分重要。海地原住民认为，为了开采金矿，必须净身，在采矿开始之前，必须斋戒和禁欲很长时间。他们确信，在采矿中，不洁之身会使他们一无所获。[3] 我们将在后面的章节中讨论冶炼中禁欲的重要性。

全世界的矿工都遵守着净身、斋戒、冥想、祈祷和祭拜的仪式规定。由于矿工要进入一个神圣不可侵犯的区域，所有仪式和禁忌都被采矿活动赋予了神圣性，稍有不慎，就会打扰到地下的生命和精灵。与神圣事物的接触具有一般宗教所没有的危险性。矿工仿佛闯入了不属于人类的领地——在这个地下世界，来自大地母亲腹中的神秘矿物的胚胎，按照自然节奏缓慢成长。首先，矿工感觉自己干预了事物的

---

① W. W. 斯基特：《马来传奇》，第271—272页。

② 克莱因：《撒哈拉以南非洲的矿业与冶金术》，第117页、第119页。

③ 保罗·塞比洛特，同上，第421页。

自然规律，介入了某种神秘和神圣的过程。因此，对于"通过仪式"来说，预防措施是必不可少的。因为金属的发现在人类生活中留下深刻的印迹，人类的命运便与一些神秘事物联系在一起了。采矿和冶金术改变了人的存在方式。所有关于矿物和山脉的神话，所有数不清的精灵、侏儒、神怪、幽灵都是神圣显现的表征，矿工介入地下生命就是对神圣显现的亵渎。

矿石带着神圣性被送进熔炉。随后，最困难和危险的冶炼活动开始了。工匠代替大地母亲，加速和完善矿石的生长。可以说，熔炉犹如孕育矿石的新母体或人造子宫。因此，冶金过程伴随着大量的预防措施、禁忌和仪式。营地建在靠近矿井的地方，为了实现目的和愿望，矿工必须处于洁净状态，并在营地度过整个采矿季节（在非洲，通常是 5 月和 11 月）。① 在此期间，阿切瓦冶炼工要进行严格的禁欲。（克莱因，同上，第 119 页）巴耶克冶炼工禁止女性靠近熔炉。（同上，第 120 页）拜拉人的戒律更为严格，在整个冶金季节，他们都过着与世隔绝的生活，如果冶金工做了春梦，他将被驱逐出去。（同上，第 121 页）巴基塔拉人有着同样的性禁忌：如果在制造风箱的过程中发生性行为，风箱会因为注满了水而无法工作。② 芳族人在冶金活动的前两个月开始禁欲，一直持续到冶金过程结束。（克莱因，第 125 页）非洲黑人认为，性行为会在某种程度上阻碍冶金成功。禁欲思想甚至被写入歌谣，在采矿工人中传唱。拜拉人这样唱道："阴蒂和女性阴唇让我

---

① 克莱因，同上，第 41 页。

② 然而，在巴基塔拉人当中，"为使风箱更牢固及正常使用，当风箱造好时，铁匠必须和妻子同房"；（克莱因，同上，第 117 页）在尼扬科勒人当中，一旦新铁锤被带到铁匠铺，铁匠就要与妻子同房。（同上，第 118 页）这里我们处理的是另一种象征：通过性别化和功能上与人的生殖行为等同而使工具获得生命。

PHILOSOPHORVM.
CONCEPTIO SEV PVTRE
factio

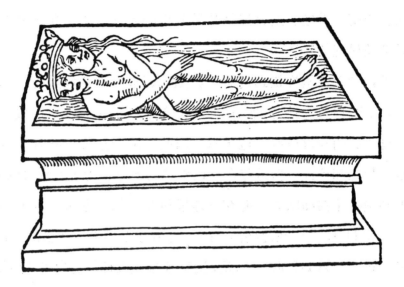

Hye ligen könig vnd köningin dot/
Die sele scheydt sich mit grosser not.

ARISTOTELES REX ET
Philosophus.

Nvnquam vidi aliquod animatum crescere sine putrefactione, nisi autem fiat putris dum inuanum erit opus alchimicum.

Rosarium philosophorum (Frankfurt, 1550)

'Here lie the King and Queen
Their souls have left them with great sorrow'

哲学家们关于"腐朽"的观念与学说

亚里士多德 王者与哲学家。

我从未看到过任何生物会不腐朽，但是只有真正的炼金术才会让生物不腐朽。①

《哲学家的玫瑰园》（法兰克福，1550 年）
"这儿躺着国王和王后，他们的灵魂满怀悲痛地离开了"

---

① 本书图示中的古拉丁语均由南开大学历史学院叶民副教授翻译。

ROSARIVM
ANIMÆ EXTRACTIO VEL
imprægnatio

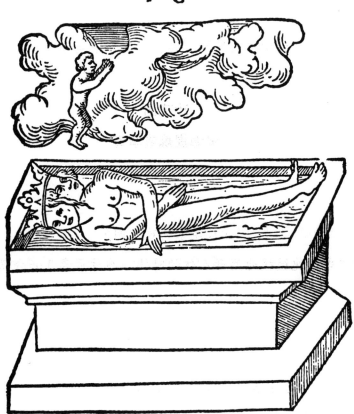

Hye teylen sich die vier element/
Aus dem leyb scheydt sich die sele behendt.

Rosarium philosophorum

'Here is the separation of the four elements
When the soul separates gently from the body'

玫瑰园

灵魂提炼或孕育

《哲学家的玫瑰园》

"当灵魂缓缓地离开人体的时候，四种元素开始分离"

恐惧！在扇起的火苗中，我发现了阴蒂。阴蒂使我感到恐惧，远离我，远离我，我们已经和你有过太多关系了，远离我吧！"（克莱因，第121页）

这些歌谣中仍然保存着将火和熔炼比作性行为的模糊痕迹。在此情况下，关于冶金的性禁忌很好地说明了冶炼代表着神圣的性结合，即神婚（参见"男性"和"女性"矿石的结合）。因此，所有冶炼工的性能量必须被保存下来，以确保这种熔炉里的神奇结合得以实现。这些传统极其复杂，介于不同象征体系的交会点上。胚胎矿石在熔炉里完成孕育的观念，还有冶炼作为造物的一种形式，暗指男性和女性元素的优先结合的观念。在后面的章节中，我们将讨论在中国也存在这种类似的象征。

非洲冶金仪式所呈现的某些圣婚象征元素属于同一类观念。巴基塔拉铁匠像对待新娘一样对待铁砧。当铁匠将铁砧带回家时，他们唱着歌谣，像是在进行一场婚礼。铁匠把水洒向铁砧，"祈求它能生下很多孩子"，并告诉他的妻子，他迎娶了第二位妻子。（克莱因，第118页）在拜拉，当铁匠建造熔炉的时候，一个男孩和一个女孩钻进熔炉挤压豆角（噼里啪啦的响声象征着火苗的声音）。扮演这种重要角色的两个年轻人最后必须结为夫妻。（同上，第120页）

随着更为详尽资料的获得，非洲冶金术的仪式性特征清晰地呈现在人们面前。R. P. 魏卡特曾经深入研究过坦噶尼喀的铁匠，发现了一些关于铁匠仪式的重要细节。在修建营地之前，铁匠祈求神灵的保护。"您，指导我们工作的祖先，带领我们。"（意思是："走在我们前面，教导我们如何进行这项工作。"）"汝，仁慈的神，我不知道您住在这里，请宽恕我的无知。汝，伟大的太阳，指引我前行的光芒。我向您致以崇高的敬意。"① 在点燃熔炉的前一天晚上，铁匠们要禁欲。第二天早上，铁匠大师取出药箱进行祭拜。然后，所有铁匠跪在药箱前磕头。当铁匠靠近熔炉时，一个孩子带着药箱，另一个孩子手抓两只鸡，在冶炼营地，最重要的仪式活动就是将药倒进熔炉和随之而来的献祭。孩子当着铁匠大师的面，杀掉那两只鸡，将鸡血洒向火焰、矿石和煤炭。随后，"他们中的一人进入熔炉，另一人待在外面，他们一边洒着鸡血，一边念念有词（这些词语无疑是向神灵祷告）：'请让您点燃的火熊熊燃烧吧！'"（同上，第 375 页）

在铁匠大师的命令下，熔炉里的孩子将药物放入通向熔炉底部的盆子里，留下两只鸡头，掩埋两只鸡的身体。同样，他们用公鸡献祭来神圣化铁匠铺子。铁匠进入铺子进行献祭，一边将鸡血洒向石砧，一边祷告："愿此熔炉不要玷污我的铁器！愿此熔炉带给我财富！"（同上，第 378 页）

这两个孩子的仪式角色和献祭熔炉的祭品值得留意。被埋在熔炉底部的鸡头表示一种献祭的置换。中国神话传说很好地说明了这一点。或许我们还记得大禹这位能工巧匠，他因铸九鼎而远近闻名，九鼎确保了国家的统一。② 这九只鼎非常神奇，可以自己移动，自动加热，可以辨识善恶。（惩戒罪人是其功能之一；葛兰言，第 491 页，注释 2）九鼎中的五个对应"阳"，四个对应"阴"。（同上，第 496 页）因此，九鼎成对，阴阳结合（天与地、男性与女性等等），同时九鼎象征着整个宇宙。正如我们所见，矿石和金属被分为男性和女性。在冶炼的时候，少年和少女参与进来，他们向烧红的铁上洒水。（同上，第 497

---

① R. P. 魏卡特：《坦噶尼喀的异教徒铁匠和基督徒铁匠》，第 373 页。
② 葛兰言：《古代中国的舞蹈和传说》，第 489—490 页。

页）因此，如果把锻造一把剑看作火与水的结合，把铸造行为看作婚姻仪式，那么同样的象征必然暗含在金属的冶炼之中。

与性和婚姻的象征直接相关的是血祭。"莫邪和干将是一双宝剑，也是一对铁匠夫妇。在接到铸造双剑的命令后，丈夫干将立即开始了工作，然而三个月过去了，还是不能熔合金属。他的妻子莫邪想知道丈夫失败的原因，而丈夫并未明确回答。莫邪不断询问，并提醒她的丈夫，神圣事物（也就是金属）的转换需要人祭才能实现。干将最终告诉她，他的师傅为了实现金属的熔合，夫妻双双跳进了火红的熔炉。莫邪说只要她的丈夫为了铸剑而牺牲自己，她也准备献出生命。"（葛兰言，第500页）于是他们剪下头发和指甲。"他们将剪下来的头发和指甲放在一起投入熔炉，象征性完成了人祭。"（同上，第501页）另一个版本是："当莫邪问她的丈夫，为什么金属不能熔化，她的丈夫说：'先师欧冶子，想铸造一把宝剑，但没有成功，他便将一个姑娘嫁给了熔炉之神。'莫邪听到这些话后，纵身跳进熔炉，金属开始熔合。"（同上，第501页，注释3）《吴越春秋》（第四章）讲述，为了锻造吴钩，工匠用他两个孩子的鲜血来献祭神灵。（同上，第502页，注释2）"在铸造八把宝剑之前，越王勾践用牛和白马祭拜了昆吾之神。昆吾是其中一把剑的名字。"（同上，第493页）①

在冶炼金属的时候，祭献主题（或者人祭）十分重要。它是一种神话仪式主题，或多或少与人（或一对夫妇）和金属的神秘结合的观念有关。从形态学上看，该主题属于创世献祭这个大的范畴，而宇宙

---

① 莫邪和干将传说的其他版本参见兰侨蒂《铸剑及其相关的中国传说》（《东方与西方》，第6卷，1955年，第106—114页），特别是第110页以下，以及《赤壁传奇的变体》（同上，第316—322页）。关于中国冶金神话和仪式，参见康德谟：《列仙传》，第45页、第170页以下。

起源神话中包含了创世献祭的原型。在冶金过程中，为了确保"金属联姻"，人们必须"活化"这种过程，最好的办法是献祭，即生命的转换。牺牲者的灵魂转变了原来的肉体：献祭将人的肉体转化为新的"身体"——一座建筑、一件物品，甚至是一项工作，献祭使这些新的"身体"充满活力。上面引用的中国传说认为，人祭是炼金过程中不可或缺的环节。下面，我们将这个问题带入别的文化进行验证。我们将发现，在多大程度上，对熔炉的献祭被看作是宇宙起源神话的运用，以及由此而形成的新价值观念。

第六章　人祭熔炉

　在印度中部的某些土著部落，流传着关于亚述铁匠的神话故事。据比尔霍人讲述，亚述是世界上第一个熔炼铁的民族。熔炉里冒出的烟雾，触怒了天神辛－邦加，天神派出信鸽，阻止铁匠进行冶炼。亚述人辩解，冶金是他们最喜欢的工作，并打伤了天神的信鸽。于是辛－邦加亲自下凡。他悄无声息地来到亚述人身边，诱骗他们进入熔炉，然后将他们烧死。结局是他们的遗孀成了自然的精灵。①

这个神话更加完整的版本流传在蒙达人中。起初人类为天神辛－邦加工作。他们在水里看见自己的长相和上帝一样，于是拒绝为辛－邦加工作。辛－邦加将他们逐出天庭。他们来到凡间一个有铁矿的地方，建造了七个熔炉。熔炉里的浓烟触怒了辛－邦加，在其信使与人类交涉无效后，辛－邦加伪装成病恹恹的老人来到凡间。没过多久熔炉就裂开了，铁匠没有认出辛－邦加，仍然向辛－邦加请教。辛－邦加说："你们必须用人来献祭熔炉。"因为没有献祭的人选，辛－邦加牺牲了自己。他纵身跳进发出白色火光的熔炉。三天后熔炉里出现了金、银和珠宝。在神的引诱下，铁匠也跳进了熔炉。他们的妻子拉着风箱，铁匠在熔炉里哭声一片，被活活烧死。辛－邦加为消除铁匠的妻子的疑虑，对她们说，她们的丈夫哭，是因为在熔炉里瓜分宝藏。

---

① 萨拉特·钱德拉·罗伊：《比尔霍人》（兰契，1925 年），第 402 页以下。

于是，铁匠的妻子继续拉着风箱，直到铁匠完全化为灰烬。当她们问铁匠变成了什么的时候，辛－邦加将他们变成了掌管山脉和岩石的精灵巴（bhut）。[1]

奥朗人中流传着相似的神话。十二个亚述兄弟和三个罗德哈兄弟都是有名的铁匠，熔炉里的浓烟惹怒了巴旺（Bhagwan，即上帝）。巴旺伪装成一个病恹恹的老头来到凡间，住在寡妇给的一间小屋里。铁匠向他请教如何修理熔炉，结局和蒙达神话一样，铁匠被活活烧死了。[2]

亚述是一个铁匠部落，原本可能住在旁遮普的北部，后来被雅利安人驱逐到位于印度北部的那格浦尔山区，即他们现在的家。沃尔特·鲁本揭示了亚述人和吠陀诗歌中的阿修罗之间可能存在的联系。他们沦为诸神的敌人，陷入了无休止的斗争。[3] 亚述铁匠的神话传说极大地激发了人们的兴趣，并被临近的蒙达人和德拉威人（奥朗人）保存了下来。在这件事情上，我们必须强调以上所有和冶金术有关的 67 人祭主题，我们研究的神话很少涉及此类主题。

在现代版本中，这些神话多数强调对铁和冶金术的怨恨。在周围部落人的眼里，亚述铁匠被熔炉里的炭火烧死是罪有应得的，因为他们触犯了至高无上的神。同样否定和悲观的态度存在于对铁匠工作的仇恨中。例如，在关于历史时期划分的理论中，铁器时代曾被认为是最悲惨、最低级的。当然，我们并不排除这样的假设——这种否定态

---

① E. T. 达尔顿：《孟加拉描述人种学》（加尔各答，1872 年），第 186 页以下。

② 莱弗·德翁：《奥朗人的宗教与习俗》（《亚洲孟加拉社会回忆录》，加尔各答，1906 年，第 121—181 页），第 128—131 页；亦参见拉赫曼：《印度东北部原始部落的神明》（《人类学》，第 31 期，1936 年，第 37—96 页），第 52 页以下。关于十二个亚述兄弟和十三个罗德哈兄弟的故事，参见沃尔特·鲁本：《印度的铁匠与恶魔》（莱顿，1939 年），第 102 页以下。

③ 参见《印度的铁匠与恶魔》，第 302—303 页及各处。

度源于历史的局限。铁器时代以连续的战争、屠杀、大规模的奴役、普遍的贫困为特征。[1] 像其他地方一样，印度所有神话都把铁匠刻画为各种各样的巨人和恶魔。他们是诸神的敌人，代表了另外的时代和传统。

除了对铁器的痛恨，亚述人的神话规定了必须献祭熔炉，就像在我们提到过的神话中那样，人祭凸显了炼金的恶魔性。熔化金属被看作不祥的工作，因而需要活人献祭。[2]

在非洲，同样发现了为了冶炼金属进行献祭的证据。在尼亚萨兰的阿切瓦人中，想要建造熔炉的人要向巫师（sing-anga）请教。巫师准备好"药剂"，将其塞进玉米棒里，让一个小男孩把它扔向孕妇使她流产。随后巫师找到胎儿，把胎儿放在一个洞中，用药剂烧掉它。[3] 然后，在这个坑洞上建造熔炉。奥通达人的习惯是把胎盘的一部分扔进熔炉，确保熔炼的顺利进行。[4] 暂不论述流产的象征性，这两个非洲的例子，都描述了真实的或象征性的人祭（例如，指甲和头发）和替代型祭品（例如，坦噶尼喀铁匠中母鸡的献祭，同上，第61页）的一个中介形式。人体和金属矿之间的神秘联系的思想暗合了其他习俗。因此，在一次事故之后，金矿被塞内甘比亚的曼迪哥人废弃了好几年：他们认为矿难者的尸体将指出含量丰富的金矿的位置。

这些神话、仪式和习俗都预设了一个原始神话体系，它先于这些

---

① 沃尔特·鲁本，同上，第153页以下。

② 用金属杀死一个人，杀人者就获得了死者的灵魂，死者灵魂成为奴隶，即有灵魂的机器，这种观念属于同样的信仰范畴；参见伊利亚德《萨满教》中巴塔克魔法师的例子，第313页。

③ 霍奇森：《尼亚萨兰护国公时期多瓦地区的阿切瓦和安戈尼人考》（《皇家人类学研究会期刊》，第63期，1933年，第123—164页），第163页。

④ 克莱因，同上，第119页。

神话、仪式和习俗，并使这些神话、仪式和习俗合法化①：金属来源于某个神的身体，或被献祭的超自然存在。这些仪式几乎都是事件象征性的重复，在那个时候，事件重新设定了一种模式，或者揭示冶金工作的阶段——冶金工作要求对原始献祭进行模仿。就以上所说的关于天体演化的神话（世界、人类、植物都是原始巨人的身体衍生而来）而言，金属诞生于神祇的四肢这一主题，似乎是同一中心母题的置换。 69 那些为了提高收成而进行的祭祀活动反复强调：正是神的自我牺牲才使谷物的出现成为可能。因此，金属冶炼过程中的人祭（真实的或象征性的）有意去模仿神话模式。

确实存在关于金属起源的神话传说，根据这些神话传说，金属来自某个神或是半神的身体。② 肢解因陀罗（Indra）的神话记载，因陀罗饮用过量的苏玛酒中毒身亡，他的身体开始腐烂，从而形成各种生物、植物和金属。"灵魂从肚脐流出，变成铅而不是铁和银，身躯从精液里流出，变成了金子。"（《百道梵书》，第7卷，第7编，第1章，第7道）伊朗也有相似的传说。当人类始祖迦约马特被堕落之徒暗杀后，他的精液流向了大地。因为迦约马特的身体是由金属构成的，所

---

① 它常常不是按照现实的排序，而是一种理想时序，隐含在主要神话主题的变体之中。某一传统可能从来没有来自神话整体的"意识"，更重要的原因在于意识形态在历史中，通常被转化成一个人能接受或保存的片段。这也是为什么符号的意义只是在大量的变体被检验之后才出现。另外，这些记载完全缺乏历史的连贯性，使它难以被人们理解。

② 就我们的目的来说，金属起源神话在文化领域，而非那些为了熔炼的目的而进行的人祭神话中得到了证实，这一事实不难理解。从这一层面来讲，我们的目的在于发现大多已经消失、隐没或分裂了的精神世界的构造。我们不打算重塑任何特殊的神话仪式模式。不管怎样，这些都不可能在几页纸里说清，而且也没有专业的学识，所以我们在这篇论文里尽量避免这个话题。

以七种金属由他的身体演变而来。①

根据《扎斯·斯巴拉姆的传说》，第 10 卷，第 2 章，"当他死时，八种金属从他身体不同的部分衍生出来，分别是金、银、铁、黄铜、锡、铅、汞和钻石。金子，因其完美的特质，被认为是从真元和精液中衍生来的"。② 我们会注意到，通过在天体运行净化后，迦约马特的精液中会以植物的形式，孕育出第一对人类夫妻。这种将伊朗传统引入复杂神话的主题极为常见，也非常古老。

在希腊流传着相似的神话。P. 鲁塞尔注意到一条希腊谚语。这条谚语指出了最早的关于铁器起源的传说。"两兄弟杀害了第三个兄弟，把他埋在了一座山下，尸体变成了铁。"③

从形态学上来说，这些传统都是宇宙起源神话的一些分支，宇宙起源是它们的原型。我们应记住，从宗教的角度来看，宇宙的起源似乎可以借助胚胎学的象征来加以识别。世界由人类始祖的身体演化而来，有时是以胎儿的形成来构思和描述的。宇宙从原初物质中成形，原初物质是胚胎性和无序性的。因此，我们得到了一系列等同或者互

---

① 《伟大的班达希申》，A. 克里斯滕森译，参见《伊朗传奇历史中的第一个人和第一位国王》（乌普萨拉，1918 年），第 1 章，第 22 页；亦参见沙德尔，在赖岑施泰因和沙德尔主编的《古代伊朗和希腊的宗教融合》（莱比锡－柏林，1926 年），第 225—229 页，尤其是第 228—229 页的注释，作者讨论了伊朗传统中的身体和铁对应的情况。

② A. 克里斯滕森，同上，第 25 页。因为钻石不是金属，所以不属于最初的七块金属系列（这无疑表明是受到巴比伦的影响。参见克里斯滕森，第 52 页）。

③ P. 鲁塞尔：《催生铁矿》，载《语文学学刊》，1905 年，第 294 页。关于冶金术所必需的活人献祭，参见普卢塔克：《希腊罗马名人传》，第 5 卷，第 306 页以下。在埃及传统文化中同样也发现了金属与神明的躯体之间的联系：一方面，普卢塔克和狄奥多罗斯告诉我们，埃及人憎恨铁，称之为"赛特之骨"。在《伊西斯和奥西里斯》，第 62 章，普卢塔克说到了"铁从赛特的身体中来"。赤铁矿为"荷鲁斯之骨"；参见福布斯：《古代冶金术》，第 427 页。另一方面，埃及人却认为众神的血肉为黄金所塑。但是，这却是另一种象征了，象征着永生不灭。黄金为完美金属，等同于永生。这就是为什么法老会以众神为原型，也塑以金身。

补的意象，在这些意象中，将用来祭祀的人比作原初物质，因而又将其比作胚胎。美索不达米亚的传统也充分证实了这个说法。我们将要继续探究的问题，也许能让我们找到被看作胚胎的矿石和被献祭给熔炉的牺牲之间的关系。

第七章　巴比伦象征和冶金仪式

　　1925 年，在坎贝尔·汤普森发表了关于亚述人化学的文章后，艾斯勒提出了巴比伦炼金术的假设。做出这个假设的根据是术语 *ku-bu*（"胚胎""胎儿"），他认为 *ku-bu* 指的是熔炉里摆放的矿石，而熔炉象征着母体。正如我们所见，这一观念已被诸多传统证实。但艾斯勒认为，还有更多的东西包含其中。关于巴比伦的这一假设，艾斯勒觉得自己掌握了金属生长和净化的第一手历史资料，就可以解答美索不达米亚炼金术起源的问题了。这一假设似乎得到了阿贝尔·雷的支持，但却遭到亚述学专家海因里希·齐默恩以及化学历史学家恩斯特·达姆施泰特和尤利乌斯·鲁斯卡的反对。研究炼金术历史的泰斗，E. 冯·李普曼则持中立态度。①

　　现在要提到的这个文本（出自亚述巴尼拔图书馆）主要依据坎贝尔·汤普森的英译本，并比对了齐默恩和艾斯勒的德、法译本。

　　"为冶炼'矿石'［ku-bu］的熔炉绘制［底层］平面图时，可以在吉月里挑一个吉日绘制。在他们建造熔炉的过程中，你要看着［他们］，而且［在熔炉房里］自己也要动手做事情［？］：把胚胎［出生

---

① 参见本书末"附录·注解 H"。

之前……］带进来。^① 另外［？］，陌生人不能进去，不洁净之人也不可在胚胎前走动。还要为胚胎供奉祭酒：把矿石都放进熔炉的那一天，要在胚胎前进行献祭^②，还要摆放燃着松香的香炉，然后在胚胎前斟上酒。

"把熔炉下的火点燃，再把'矿石'倒进去。献祭者应该得到净化，然后将他们架在熔炉之上。点炉的木柴也应该是撒了安息香且厚实、脱了皮的木头，且不能成捆堆放［晾着］，［而］要用阿班月^③里割下的皮革盖住。这些木头应该放到熔炉下方。"

尽管后来经历了变化和修正，但此文本仪式性质似乎是确凿无疑的。正如我们所料，在美索不达米亚地区，金属冶炼同样也由一系列的礼拜仪式构成。选出吉月和吉日，建造熔炉的地方要祝圣，外行禁止入内，工人都得保持洁净，还要向矿石敬献祭酒，最后进行献祭。用来生火的木头也是特殊的（把木头的树皮剥去，放在皮囊里——这些似"胚胎"之物就透露出"巫术的意味"）。只要想想非洲的铁匠（参见第031—032页以下），你就会认识到这种冶炼过程是在多么神圣的氛围下进行的。甚至在非洲存在与上述所引美索不达米亚文本中提到的相似情况。乌什铁匠拿母鸡^④祭祀熔炉；巴基塔拉人把绵羊、母鸡放在铁砧上烧死（克莱因，同上，第118页）。在熔炉里放进"药物"的习俗很常见，啤酒祭祀同样普遍。在冶炼过程中，拜拉人

⁷³

---

① 文本很晦涩。引用了汤普森的翻译。迈斯纳翻译这段时用了很多问号："一个人在看着（？）熔炉而另一个在做熔炉的时候，你必须要数一数（？）这些（神圣的）胚胎（？）。"在法文版中，艾斯勒似乎避开了这些难点："炉子一放到合适的位置，你就可以开始工作了，将神圣的'胚胎'放到炉子的顶部。"

②《普通的祭奠》（艾斯勒）；《祭奠》（迈斯纳）。

③ 波斯历或伊朗历中的第八个月。——汉译者注

④ 克莱因，同上，第119页。

的第一项仪式，就是把混着"药物"的啤酒倒进熔炉底下的四个洞里。

关于 *ku-bu* 即"胚胎"的解释，还存在一些争议。另外一篇由坎贝尔·汤普森翻译和发表的文章，开出了以下的配方："取出胚胎，献上祭品，把祭品献给［死者］，再给矿工，然后收集模具里剩下的［?］，将［其］放进熔炉里。"R. 艾斯勒把 *ku-bu* 翻译成"神圣的胚胎"，图洛－丹金则译作"某种恶魔"①，齐默恩译为"堕胎"②。尤利乌斯·鲁斯卡认为这个词和"胚胎"无关，而是和"物神"或者"熔炼工作的保护神"有关。问题是 *ku-bu* 到底是指放进熔炉里的矿石，还是指某些神灵，抑或是指凭借其巫术特性与金属冶炼密不可分的堕胎？在美索不达米亚文献争议中，我们不用偏袒任何一方。不过，我们认为，不管 *ku-bu* 怎么翻译，它都暗含了"胚胎的意义"。图洛－丹金提到，在创世神话（《埃努玛·埃利什》，第 6 卷，第 136 章，第 3 行）的记载中，"*ku-bu* 指的就是提阿马特的巨大身躯，被比作胎儿，而她作为造物主，将要幻化成世界万物"。（同上，第 82 页）因此，有关冶金术的文章认为，*ku-bu* 可能指的是矿石，是在熔炉里成形的"胚胎"原材料。上文提到，在古代东方，矿井与子宫之间的相似之处可以证实这种说法。如果在"胚胎"的意义上，艾斯勒将 *ku-bu* 翻译成"矿石"是正确的话，那么熔炉则成为母体——大地母亲的替代物，在那儿矿石完成了生长。这些场合的祭祀活动可以比作分娩的献祭。

另外一个解读（*ku-bu* 指人类胚胎）在冶金仪式上找到了对应的

---

① 图洛－丹金：《亚述学笔记》，第 30 卷（《亚述学杂志》，第 19 期，1922 年），第 81 页。
② H. 齐默恩：《亚述化学技术方法》，第 180 页，"流产，怪物"。

说法。在当今的非洲人中，男巫会让孕妇堕胎，目的是利用胎儿使熔合过程顺利进行。[①] 在一定程度上，这样的行为也表明了矿产与胚胎之间的类比带有巫术的性质。这种野蛮的仪式只有两个"理论根据"：（1）要么是把胎儿所有的生命能量都转移到冶炼过程中以保证矿物的顺利出产；（2）要么是胎儿会促成熔炉中金属的"诞生"，而且是在金属自然成熟之前以它固有的形态出现。第一种情况中，选择胚胎而不是成人（或以动物做替代品），表明阿切瓦铁匠隐约感到天然矿石和胎儿之间有相似之处。第二种情况中，冶炼过程的分娩功能很明晰：熔合（熔炼）——因此金属得以"成熟"——是金属的提前分娩，因此也扮演了"胚胎"的神奇角色。

在这两种假设中，冶金学者或多或少都认识到，是他们的技艺加速了金属的生长。如我们所见，这一观点流传很广。金属"孕育"在大地母亲的腹部。正如直到现在，东京[②]的农民仍然认为，如果黄铜埋藏的时间够长，就会变成金子。总之，在伴随冶金工作出现的象征物和仪式中，又出现了人与自然积极协作的观念，甚至还可能出现这样的信念——人类通过自己的劳动，能够取代自然的演化过程。

天体演化学说最本质的一幕是从原初活物质的形成开始的。它有时会被认为是天体胚胎学：提阿马特的躯体，在马尔杜克的手中，就成了胎儿。正如所有的创造和建设过程，都再现了天体演化的模式，无论是创造还是建设，人类都模仿了造物主的工作。

在天体演化象征所呈现的胚胎学语境下，物体的创造等同于孩子的降生。从地下孕育出的物质（我们的例子中指矿石），都具有分娩

① J. 鲁斯卡：《对艾斯勒化学史方法的批评》，第 275 页，"冶炼工作的偶像或守护神"。
② 越南北部某地区的旧称。——汉译者注

的意义。冶金术是孕育过程中的干预手段，试图加速胚胎的成长或者进行催产。这也正是冶金术被认为是产科手术的原因，它在预产期之前完成，实际上就是堕胎。

正是从冶金和农业技术融合的仪式体验中，逐渐产生了一种清晰的观点：人类可以干预宇宙演化的节奏，同时还可以先于自然过程，加速物质产生。

当然，这些观点虽未明确提出，却有几分未卜先知的意味。不过，
78 这却是重大发现的出发点：人类可以掌控时节的运行。我们已经看到，后来西方文献中清晰记载了这种观念（参见第025页以下）。此处再次印证了冶金活动的基础和根据，即点金之术：人类和宇宙通过哲人石进行转变，已在哲人的心头萦绕了两千多年。就矿石来说，哲人石实现了这个奇迹，它缩短了矿石从"不完美"（天然的）状态到最终形态（变成金子）的时间间隔。哲人石让转化瞬间完成：它取代了时间。

Accipe ovum & igneo percute gladio.

EPIGRAMMA VIII.

*E*St avis in mundo sublimior omnibus, Ovum
  Cujus ut inquiras, cura sit una tibi.
*Albumen luteum circumdat molle vitellum,
  Ignito (ceu mos) cautus id ense petas :
Vulcano Mars addat opem : pullaster & inde
  Exortus, ferri victor & ignis erit.*

Michaël Maier, *Scrutinium chymicum* (Frankfurt 1867)
The Philosopher's Egg under the test of fire

拿一只蛋来，并用灼热的剑劈开它吧。

警言短歌第八首

世间有一只鸟儿，比所有鸟儿都出众，

你呵护它，想对它的蛋一探究竟。

蛋白包裹着橙黄的、柔嫩的蛋黄，

你小心地用灼热（按照惯例）的剑挥了过去：

让马尔斯为伏尔肯努斯增添力量吧，当一只小鸟从中出来，

它就成为火与剑的胜利者。

米歇尔·迈尔《炼金术研究》（法兰克福，1867 年）

"哲人之蛋在经受火的考验"

Hic eſt Draco caudam ſuam devorans.

EPIGRAMMA XIV.

Dira fames Polypos docuit ſua rodere crura,
  Humanaque homines ſe nutriiſſe dape.
Dente Draco caudam dum mordet & ingerit alvo,
  Magnâ parte ſui fit cibus ipſe ſibi.
Ille domandus erit ferro, fame, carcere, donec
  Se voret & revomat, ſe necet & pariat.

Michaël Maier, *Scrutinium chymicum*

'The Dragon devouring his tail'

有一条龙，正在吞噬自己的尾巴。

警言短歌第十四首

可怕的饥饿教会了章鱼啃噬自己的触角，

可怕的饥饿也教会了人类把人肉当作食物养育自己。

当龙用牙齿撕咬自己的尾巴并且吞入腹部的时候，

自己把身体的一大部分变成了自己的食物。

那人一定将会被刀剑、饥饿、牢狱所征服，

当他吞噬自己又吐出自己，杀死自己又让自己重生。

米歇尔·迈尔《炼金术研究》

"龙在吞噬其尾"

第八章　"御火大师"

炼金术士，同铁匠和他之前的陶工一样，都是"御火大师"。正 <u>79</u>
是利用火，炼金术士掌握了物质形态转换的技术。在利用余火成功为
黏土塑形时，人类的第一个陶工一定会陶醉于造物的兴奋之中，因为
他发现了改变物质形态的媒介。天然热能——来自太阳或地球内部的
热量——需要很久才能达到理想的高温，而火却能以意想不到的速度，
达到造物所需的温度。造物的热情萌芽于一种朦胧的预感：重大秘密
就存在于探寻比大自然"运行"更快的方法之中；换言之（通常有必
要从原始人的精神体验层面来讲述），是在没有危险的情况下，干预宇
宙的演进过程。火就是人类所掌握的，比大自然"执行"速度更快的
手段。此外，火还可以创造一些自然界中没有的事物。由此表明巫
术 – 宗教的力量可以改造世界，但它不属于这个世界。这就是为什么
最原始的文化将从事神圣活动的专业人士——萨满、巫医和巫师——
看作"御火大师"。原始的巫术和萨满教都有"御火术"的观念，御
火术既可以是触摸燃烧的煤而不受伤，又可以是产生"内热"以抵御 <u>80</u>
极端严寒。

在这里，我们只谈及一个非常复杂的问题，这个问题之前已在别
处考察过。[①] 然而，我们可能会注意到，人体内产生火焰是超越人类

---

① 参见伊利亚德：《萨满教》，下面的大多数例子均出自此书。

身体极限的象征。根据某些原始民族的神话记载，部落中年老女性①的生殖器官中"天生"就带有火，甚至还可以用这火烧饭，但是不能让男人看见，因为男人只会用诡计夺走她们的火。② 这些神话反映了母系社会的意识形态，且提醒我们，两块木头摩擦（通过它们的"性结合"）产生的火苗，在远古人看来就是木头本身所带的，而这木头就代表着女性。在这类文化中，女性象征着自然的女巫。但最终还是男性夺去了火的"控制权"，而且，最后，男巫反而变得比女巫更强大，人数也更多。在多布，土著相信男女巫师都能在夜间飞行，并且人们也能看到他们飞过之后留下火的痕迹。③

众所周知，远古人把这种巫术－宗教的力量想象为"燃烧"之物，也将其表达为"热量""炙热""燃烧"等。这就解释了为什么巫师与术士都要喝盐水或是胡椒水，并且吃很多辛辣植物，这是因为通过此类方法他们可以增加自己的"内热"。

81　　作为"御火大师"，萨满和巫师能口吞燃烧的煤块，手握烧红的铁，并在火上行走。另外，他们很能抗寒。因为拥有神奇的热量，北极圈地带的萨满和喜马拉雅山地区的苦行僧都显现出惊人的御寒能力。④ 这种神奇热量连同"御火术"所包含的真正意义其实不难猜测。这种力量象征着进入一种入迷的状态，或者在其他文化（比如印度）中，象征着进入一种无条件的精神自由状态。通俗来讲，对火的驾驭

---

① 年老的女性（Goga），参见詹姆斯·弗雷泽：《火的起源神话》，麦克米林公司，1930年，第43页。——英译者注

② 参见詹姆斯·弗雷泽：《火的起源神话》（伦敦，1930年），第5页以下（澳大利亚），第25页以下（新几内亚），第48页以下（马克萨斯群岛），第123页以下（南美），等等。

③ 伊里亚德：《萨满教》，第327页，在R. F. 福琼之后，《多布巫师》（伦敦，1932年），第150页以下。

④ 伊里亚德：《萨满教》，第233页、第327页、第386页以下、第412页以下。

和对寒冷与高温的防御能力，意味着巫师或瑜伽修行者已超越了人类，到达神灵的境界。

如同萨满，铁匠也被誉为"御火大师"。因此，在特定的文化中，铁匠和萨满的身份，若无高下之分，定是平等的。雅库特的谚语说："铁匠萨满同出一脉。"另一则谚语则说道："萨满的妻子值得尊敬，铁匠的妻子也值得崇拜。"① 还有一则："最初，铁匠、萨满、陶工是亲兄弟，铁匠是老大，萨满是老二，这就是萨满杀不了铁匠的原因。"② 按照多尔干人的说法，萨满"吞"不下铁匠的灵魂，因为铁匠的灵魂受火的保护；但反过来说，铁匠可以占有萨满的灵魂，还可以烧毁它。③ 根据雅库特人的传说，铁匠的技艺来自"邪"神库代巴赫西（K'daai Maqsin），他是地狱的铁匠宗师，住在铁铸成的房子里，碎火围绕四周。库代巴赫西声名赫赫，他可以帮英雄接回断臂残肢。有时，他还会参加地狱里有名望的萨满的入会仪式：他如打铁般锻造地狱萨满的灵魂。④

据另一传说记载，雅库特人的祖先艾利（Elliei）就是最早的铁匠。另一个神话铁匠是武士参谋——齐客（Chyky）。他打造兵器，提出好的建议。雅库特人认为：铁匠的治愈力量是通过自然手段实现的，而不像萨满，需要神灵的帮助。直到第九代，铁匠才有了驾驭超自然力量的能力，他不再惧怕幽灵，这也就是他敢制作萨满衣服上铁片饰

82

① 同上，第 408 页。

② A. 波波夫：《雅库特人铁匠新手的祝圣仪式》（《美国民俗杂志》，第 46 期，1933 年，第 257—271 页），第 257 页。

③ A. 波波夫，同上，第 258 页；伊利亚德：《萨满教》，第 409 页。

④ A. 波波夫，同上，第 260—261 页；伊利亚德：《萨满教》，第 409 页。

物的原因（铁片发出的噪声可以驱逐邪恶的幽灵）。①

在西伯利亚人中，铁匠有很高的社会地位，他的工作不是为了商业的目的，而是天职。他们都是子承父业，行业入会的秘密也这样流传下来。铁匠会受到特殊神灵的庇护。施格南和帕米尔等其他地区，铁匠的技艺被认为是来自"先知大卫"的礼物，这就解释了铁匠比毛拉更受人尊敬的原因。但是铁匠必须是干净的，不管是身体还是心理。铁匠作坊也被奉为朝拜之地，如果朝拜或集会没有场所，人们通常会聚集在铁匠作坊。②

很明显，"先知大卫"逐渐取代了某位天神或原始文明英雄，在布里亚特人的信仰中，清晰地体现出这一点。根据他们的故事，在未83 学会使用铁器的远古时代，人类是用石头猎杀野兽，用牙齿把肉撕成碎块，把兽皮等物穿在身上，物尽其用。后来，善良的神祇腾格里（Tängri）派波什托奇（Boshintoj）来到人间，这位天国的铁匠带着女儿和九个儿子，教授人类冶金的知识。另一个传说是波什托奇的儿子娶了凡间女子，就成了铁匠的祖先。只有这个家族的后裔，才可能成为铁匠。布里亚特人中同样有"黑铁匠"之说，就像他们把神灵分为"白"和"黑"那样，他们的萨满也分白和黑（好和坏）。"黑"铁匠在邪恶神灵的庇护下，给人们带来恐慌，因为他们会"吸食"人类的灵魂。有些仪式上，他们会用灰抹黑自己的脸。

布里亚特铁匠的神灵与守护神，不只帮助他们工作，还帮他们对抗邪恶力量。布里亚特铁匠有特殊的献祭仪式。在仪式上会献祭一匹马，剖开它的肚子，扯出心脏——这是一种特有的萨满仪式。马的灵

---

① W. 乔吉尔森：《雅库特人》（1931 年），第 172 页以下。

② 乔吉尔森，同上，在乔什·萨鲁宾之后。

魂随后会和天上的铁匠波什托奇重聚。仪式上，会有九个年轻小伙扮演波什托奇的儿子，另外一个则化身为天国的铁匠，陷入迷狂状态，再朗诵一大段独白。在这段独白中，他会透露自己如何把儿子送到人间来教化人类。然后他还会用舌头触碰火苗。在古代习俗中，扮演波什托奇的这个人，手上要拿一块熔化的铁。[1] 今天，西伯利亚和北美的萨满依然会这样做。

铁匠技艺与萨满信仰的密切联系，同样也表现在某些萨满入会仪式中。在准萨满的梦境和入会幻觉中，他们会看到自己被"恶魔"法师撕成碎片。如今，这些传统场面直接或间接地包含着铁匠行业的手势、工具和象征物。在入会的不适幻觉中，雅库特萨满会看到自己的四肢被恶魔用铁钩分解，经历各个环节（剃净骨头、刮净肉等）之后，恶魔会将骨头重组用铁接好。另一个萨满会目睹身体被"捕食鸟之母"撕成碎块，这种鸟有铁喙、钩爪和铁羽毛。还有萨满，在他的入会幻觉中，他会被禁锢在铁栏里。在艾娃－萨摩耶蒂萨满的自传中，我们还摘录到一段资料。在入会幻觉中，准萨满目睹自己进入一个山洞，看见一个全身赤裸的男子正在拉风箱，上面架着一口锅。只见这个男子用巨大无比的钳子钳住他，割下他的头颅，将他的身体切成片，最后全部都扔进锅里，煮上三年。洞里还有三块砧，赤身男子在第三块砧上锻造萨满的头，锻造好的头要留给最好的萨满。最后，他捞出萨满的骨头，拼在一起，拿肉裹上。还有一种说法，在入会仪式上，通古斯萨满的头会被割下来，再用铁片锻造。[2] 值得注意的是，萨满的服装上缀满了铁饰品，一些模仿了人骨，往往还呈现出骷髅的模样。

84

---

① 伊利亚德，同上，第409—410页，在桑德舒尤之后。
② 伊利亚德，同上，在柯塞诺芬托夫和 A. 波波夫之后。

（参见伊利亚德《萨满教》，第143页以下、第152页以下）

综上所述，铁在萨满体内起到的作用，在一定程度上，和澳洲、大洋洲和南美的巫师那里的水晶石或其他"魔法"石是一样的。众所周知，在澳洲或大洋洲，通过供养的水晶石，萨满可以看到神灵和鬼魂，还可以飞翔。因为萨满吸收了水晶石从天上带来的神圣能量，这些水晶石是从穹顶掉落下来的（参见上文，第1页以下）。在西伯利亚某些萨满教中，也能找到与铁有关的类似联系。[1] 这并非毫无意义，自从铁成为铁匠的专属物之后，铁匠因此提高了自己的巫术－宗教声望。我们已经看到，在"御火术"上萨满和铁匠的神圣特性有共同的渊源。在理论层面上，"御火术"意味着超越人类的状态。其次，正是铁匠为英雄们打造了武器。而武器的关键不在于铁匠打造武器的物质材料，而在于他们赋予武器的神力。铁匠的神秘技艺将那些武器变成了法器。此后，铁匠和英雄之间的关系就如史诗中描述的那样。F. 阿尔特海姆从几乎所有蒙古部落（和突厥部落）的史诗和歌曲中发现，"铁匠"这一词同时具有"英雄"和"自由骑士"的含义。[2] 他还强调了萨满的服饰和神鼓在军事活动中的重要作用，而前者就是用金属制成的胸铠。铁匠有时也会擢升至王孙贵族的地位。根据某些文献记载，成吉思汗最初也只是一名普通的铁匠，而蒙古部落的传奇就把铁匠的技艺与皇室联系了起来。[3] 在伊朗的传说中，卡维铁匠是卡维亚王朝的先祖。有一天，他"将皮围裙拴在长矛的一端，以这种方

---

[1] 此处涉及的不一定是他们的原始联系，因为在其他的萨满教（美洲、大洋洲）中，铁并不重要。

[2] F. 阿尔特海姆：《匈奴王阿提拉》（法语译本，巴黎，1952年），第33页。

[3] F. 阿尔特海姆，同上，第128页，在伊格内修斯·穆拉德热亚·多桑和桑德舒尤之后。

式，他举起起义的旗帜反抗龙王。这个普通的皮裙后来成为伊朗皇室的旗帜"。①

我们必须牢记这组人物关系："御火大师"、萨满、铁匠、英雄、神圣国王（王朝的建立者）。稍后，我们将讨论"神奇热量"、英雄和军队与铁匠之间的种种关系。现在，我们来探讨其他文化中铁匠的宗教和社会地位。

---

① F. 阿尔特海姆，同上。*Kavay* 也有"智慧"的含义，同上，第 126 页。斯诺里讲到国王英奇把他的出身追溯到"铁匠的小屋"；参见 H. 奥尔哈弗：《日耳曼铁匠与其工具》（莱比锡，1939 年），第 13 页。

第九章　神圣铁匠与文明英雄

87　　现今，爪哇岛的铁匠生活潦倒，身份卑微，但是有迹象显示他依然拥有一种特权。在这里，人们称铁匠为"潘德"（*pande*：专家），称打制武器的铁匠为"主人"（*empu*）或"奇阿依"（*kyai*：大师）。在古代爪哇岛，人们认为金属冶炼是一项神秘工作，有一整套的文学作品围绕短剑铁匠这个人物展开，他就像一位王子那样受到人们的爱戴。铁匠受到宫廷的尊敬，有时甚至可以代表整个族群。在古代爪哇岛，王子和铁匠的关系犹如兄弟一般。从族谱上看，铁匠如同王子，神灵是他们共同的祖先。即使现在，当铁匠锻造出一把波状刃短剑，其作坊就会被神圣化，犹如一座神坛。每当作坊开工都要供奉祭品，这与割礼或婚礼仪式上供奉祭品一样。① 在巴厘岛，铁匠学徒都要参加入会仪式，在打制铁器时，每使用一件工具之前，他们都要念诵咒语。巴厘岛的"潘德"拥有一套书写传统，认为大梵天（Brahma）是铁匠创造力的来源，并赐予了他一种神秘力量——萨克提（*shakti*），这种神秘力量对于铁匠来说是必不可少的。②

88　　除去新近印度教的因素（咒语、大梵天、萨克提），我们便能梳

---

① 福布斯：《古代炼金术》，第79—80页，在 W. H. 拉瑟尔之后。

② 福布斯，同上，第65页，在格里斯和 P. 德·卡特·安吉利诺之后。5世纪时大部分巴厘岛的铁匠都来自爪哇岛。

理出印度尼西亚铁匠复杂的文化背景——关于铁匠神圣血统的神话，民间传说或有文字记载的宗谱（一般在史诗作品的开端加以讲述）铁匠工艺及入会仪式的神圣本质、铁匠与国王之间的神秘关系，以及他们特殊的社会地位。这些特殊的事实使我们开始关注西伯利亚和中亚地区有关铁匠的神话－仪式复杂的融合情况。值得注意的是，那些有文字记载的宗谱信息，建立在漫长的口耳相传的传统上。熟知并能背诵这些宗谱是吟游诗人和萨满巫师的工作。中亚地区流传的史诗很好地印证了萨满、英雄和铁匠之间的关系。卡尔·穆丽分析了某些希腊史诗主题的萨满教结构后，恰当地阐明了芬兰史诗《卡勒瓦拉》中的萨满英雄和铁匠之间的关系。[1] 即使在今天，仍然可以在近东和东欧地区，看到铁匠技艺与史诗之间的某些亲缘关系。在这些地区，铁匠和修补匠通常也是吟游诗人、歌手或者宗谱的传人。[2] 这个复杂且让人入迷的话题，需要长篇大论，在此我们不做更多探讨。但此处有必要指出：由于其手艺的神圣特质、神话和宗谱的继承者的身份，以及与萨满和武士的密切关系，在史诗创作和传播中，铁匠扮演着极其重要的角色。

早在1880年前后，理查德·安德礼根据那个年代所能见到的文 89
献，证实了几乎所有地方的铁匠都有一个独立的组织，他们是一群离群索居的神秘者。[3] 我们对铁匠在前哥伦布时代的美洲社会中的地位，以及巫术宗教功能近乎一无所知。（福布斯，同上，第68页）在美国

---

① 卡尔·穆丽：《塞西卡》（《赫尔墨斯》，第70卷，1935年，第121—176页），第175页。《论铁匠、男巫与诗人之间的关系》；也可参阅 H. 奥尔哈弗《日耳曼铁匠与其工具》，第95页以下。

② R. 艾斯勒：《该隐的标志》，第111页。

③ 理查德·安德礼：《人种学比较》，第153页；同上，《原始人的金属》，第42页以下。

西北部部落社会中，铁匠享有崇高的地位，其行业的秘密传统仅限于在家族成员之间传承。[1] 然而在非洲，幸亏有沃尔特·克莱因和格里奥勒·梅莘的相关研究，有关铁匠的情形要清楚得多。[2] 在 1936 年，克莱因从他的研究中得出以下结论：

（1）在北非东部的草原地区，铁匠处于社会底层，他们的工作不具有明显的仪式性。

（2）与此相反，在非洲西部，铁匠和神秘的社团关系密切，且享有巫师的声望，构成独立的部族。

（3）在刚果及其周围地区，铁匠有自己的行会，与祭司和酋长们（有时由同一个人兼任这些职位）的关系密切，铁匠的工作是某种依靠精灵信仰和药物的仪式性活动。在此，须要对克莱因的观点做出补充：铁匠的巫术仪式普遍存在于整个非洲大陆——其中包括入会的秘密仪式、性禁忌、锤子和铁钻的人格化表现，以及这个行业的传承模式。

在这些固定的铁匠行会之外，还有一些享有巫师声誉的流动铁匠。

90 （参见福布斯，同上，第 64 页）。尽管白尼罗河地区的巴里人把这些流动的铁匠看作贱民[3]，但是刚果的巴洛洛人则很尊重他们，甚至认为他们有高贵的皇室血统[4]。

非洲文化史至少部分地解释了这种对于黑肤色铁匠职业的矛盾态

---

① 理查德·安德礼：《原始人的金属》，第 136 页以下。

② 见赫尔曼·鲍曼、D. 韦斯特曼：《非洲民族与文明》（霍姆博格译，巴黎，1948 年），注释 14—17；亦参见杰弗里斯：《石器时代的铁匠》（《民族学档案》，第 3 卷，1948 年，第 1—8 页）。

③ 理查德·安德礼：《原始人的金属》，第 9 页、第 42 页。

④ 克莱因，同上，第 22 页。

度。正如赫尔曼·鲍曼所示①，古苏丹文明（包括刚果北部，远至阿比西尼亚的尼罗河上游，以及东非南部及中部地区）代表了真正的非洲铁器文明。在这些地区的核心地带，铁匠拥有至高的荣耀，并扮演着重要的社会角色。人们认为神圣铁匠携带着驯化土地的必要农具，因此他们是"文明英雄"——神圣创世的参与者。铁匠与神圣土地的密切关系，犹如陶匠和挖土淘金的妇女与土地的关系。在很多地方（例如，尼日尔北部地区）铁匠的妻子便是部落中的陶匠。（鲍曼，同上，第498页）

与此相反，在含米特人的游牧和草原猎人文化中，铁匠则是一个受到歧视的阶层。他们锻造的铁器没有被赋予同古苏丹文明一样的教化功能。此外，这种情况也见于其他地区，如阿比西尼亚、索马里（在这些地方，铁匠身份卑微），以及泰达（乍得北部，主要分布在撒哈拉中部）。在这些地区，铁匠被人蔑视，人们认为铁匠是乱伦的贱民。（鲍曼，第283、431页）瓦多罗伯人（尼罗河峡谷的念米特猎人）同样歧视铁匠——铁匠在社会中没有合法权益，甚至可能被其主⁹¹人处死。（克莱因，第114页）他们的邻居马萨伊人（尼罗河谷一带游牧部落的含米特人，畜牧者）把冶铁工作交给伊尔－柯恩努努斯人，这是一个颇受歧视的阶层。（鲍曼，第259页）马萨伊人认为铁匠的牛栏会给周围的其他牛栏带来死亡、疾病或各种各样的不幸。一个人与铁匠家族的女性联姻，会使这个人患上精神病，并导致孩子夭折，甚至可以导致其死于疾病。铁匠之名奥尔克努尼（"铁匠"）成为辱骂他人的词语。要是在日落之后说出这个名字，就会招致狮子等猛兽或敌人的袭击，因为铁匠的工作是肮脏的。（克莱因，第114页）

---

① 赫尔曼·鲍曼、D. 韦斯特曼：《非洲民族与文明》（霍姆博格译，巴黎，1948 年）。

现在，我们来大致了解一下铁匠享有很高荣誉的非洲地区。在佤邦查加族（含米特－班图人，农耕者）中，铁匠既受人尊敬又使人畏惧。然而，一旦涉及婚姻，情形就转向了负面。"人们不愿把女儿嫁给铁匠，因为一旦离婚，这个女人的处境就十分危险。当离婚不可避免时，铁匠可以在母亲或其他女性面前，用黄油擦拭妻子的身体——这让我们想起马萨伊人用的一种办法，这种办法是用新的铁具去除铁匠带来的晦气——并在宣布离婚前递给妻子一根棍子，用来消除铁匠带给她的晦气。"[1]铁锤中潜藏着某种特殊的力量。在开始锻造铁锤之前，铁匠会从顾客那里得到一只羊和一些啤酒。正是凭借铁锤的力量，他可以魔术般地击中一个小偷或者仇敌。[2] 一般而言，铁匠不会滥用黑巫术的力量，他们大多数是仁慈的萨满。铁除制作护身符之外，还是很好的药剂。佤邦西部的妇女常在脖子和胳膊上佩戴铁环一类饰品，因为这些饰品被认为可以赐予生育能力并治愈孩子的疾病。

加丹加人（刚果南部）认为，铁匠组成了一个神秘的宗教社团，叫作"布万嘎"（bwanga），有一定的朝拜和入会仪式。（克莱因，第119页）巴耶克（刚果南部的尼亚姆韦齐人部族）的铁匠和萨满一起工作。在拜拉人（赞比西河流域，农耕者）中，"铁医生"监督铁的熔炼过程。（克莱因，同上，第120页）刚果南部的铁匠行会是世袭制，"会员拥有和萨满一样的社会地位，他们被称作奥辛班达［巫医］或者奥辛文达［铁匠］的大师所掌控"。（克莱因，第122页）在莫森格里和巴萨卡塔，铁匠通常是村子的建造者，他们的技艺具有继承性。

----

① 克莱因，同上，第115页；B. 古特曼：《铁匠及其工艺的泛灵论思考》（《人种学杂志》，第44期，1912年，第83—93页），第89页。

② B. 古特曼，同上，第83页以下。

（同上，第124页）刚果地区的许多其他社团中，铁匠的这种多重身份——铁匠和酋长，得到了很好的印证：奥果韦河上游的铁匠既是巫师也是部族首领；在卢安果，铁匠–祭司掌管着神圣的民族之火；在巴松奎人中，铁匠的社会地位仅次于部族首领；在巴荷咯荷咯人（Baholoholo）中，铁匠的地位仅次于首领和猎人，但高于首领副手和萨满等。（克莱因，第125页）尼日利亚北部的提夫人则认为，铁具有沟通活人与死者的能量；他们还相信，铁制工具拥有魔法力量，这种力量充满了铁匠铺，并以雷电的形式显现。（同上，第126页）

在宇宙神话和起源神话中，非洲铁匠享有的特权地位和宗教功能 93 均得到很好的阐释。马塞尔·格里奥勒和他的同事，提供了大量关于多贡和班巴拉族（居住在尼日尔河上游）的第一位铁匠的神话文献。在多贡人中，铁匠备受尊敬，他们的工具在祭祀中有重要作用。第一位铁匠在神话中占据着关键的位置。他从至高无上的天神阿玛（Amma）那里获得各类谷物的种子，并将其放在大铁锤之中；然后他将自己悬挂在一条铁链的底端，下到凡间。据第二个版本，铁匠最初生活在天上，为阿玛工作。[①] 但其中一个铁匠从天神那里，盗走小米，并藏在大锤之中，阿玛将他发配到凡间。当这位铁匠与大地接触，就变得肮脏不堪，所以也就不配重回天堂。第三个版本也是最完整的一个版本告诉我们，铁匠先祖在天上建造了一个粮仓，并将它分为八个仓房，分别代表人体的主要器官：每个仓房里都存储了一种谷物。这个建在天上的粮仓，后来被铁匠的先祖带入人间，粮仓随后变成最初的纯洁

---

① 值得注意的是多贡神话与蒙达和布利亚特神话中关于第一位天堂铁匠的描述；同上，第65页以下，第83页。

土地，之后人类就在其周围开始定居。[1]同时铁匠之祖还发明了火，教会了人们农耕和驯养动物。[2]

据其他神话记载，多贡族的文明英雄，即他们的守护神和顾问诺母神（Nommo）将自己变成一位铁匠，下凡并给人类带来了文明。暴风雨时可以看见诺母神在天上的活动：例如土家族人的丹塞（参见上文，第10页），他投下闪电，以雷石撞击大地。[3]

天上的铁匠和文明英雄、农业以及宗教的联系并非仅存于多贡人中，也存在于以下这些部族：萨瓦多哥人（特格纳尤斯，第35页）；古朗西人（铁匠之祖 = 文明英雄，铁匠掌控火与雷电；同上，第40页）；博罗斯人——沃尔特流域的原住民之一（根据他们的神话，铁匠之祖是上帝的儿子，他来到人间，教人类使用火、驯化动物和农耕。铁匠在宗教和社会生活中，发挥着重要作用——是入会仪式的主持者，也是先知和神灵等等，特格纳尤斯，同上，第42页以下）；班巴拉族的捕鱼者索芒人（一则宇宙起源神话赋予铁匠之祖创世合作者的身份。"在水的守护精灵的崇拜仪式上，牺牲者必须属于一个家族，其祖先就是来自天界的铁匠"，特格纳尤斯，第47页）。在班巴拉族，大祭司通常就是一位铁匠，秘密社团也通常由铁匠控制。根据塔乌谢尔的调研，同样的情形

---

[1] 关于不同版本的神话，参见马塞尔·格里奥勒：《多贡面具》（巴黎，1938年），第48页；同上，《水神》（1949年），第52页以下；同上，《属于第三类动词》（《心理学》，第13—14卷，1947年），第13—36页以下；G. 迪特朗、S. 德·加纳：《多贡的水神》（《非洲杂谈》，第5卷，巴黎，1942年），第6页以下；哈利·特格纳尤斯：《文明英雄对宗教和非洲社会学人种研究的贡献》（乌普萨拉，1950年），第16页以下。

[2] 格里奥勒：《多贡面具》，第49页；同上，《属于第三类动词》，第13—35页以下；迪特朗、S. 德·加纳：《多贡的水神》，第7页；H. 特格纳尤斯，同上，第18页以下。

[3] 格里奥勒，同上，第157页；同上，《多贡的水神》，第130页以下；H. 特格纳尤斯，第20页以下。

也存在于曼戴斯、马林凯和夸索龙科斯等族群中。[1] 根据非洲西部阿善堤人的神话，上帝命令铁匠来到人间创造了人和动物。（特格纳尤斯，第55页）

在埃维人中，铁匠及其工具在宗教生活中扮演着重要角色。人们 95认为铁锤和铁砧从天而降，族人需要对其盟誓。铁匠是祈雨巫师，还可以终结战争。根据他们的神话，第一位铁匠——有时候被认为是至上神的孩子——由上帝派到人间来完成创世，并授人以生存之道。[2] 约鲁巴人认为：正是奥贡即第一位铁匠锻造了世界上第一件兵器，他教人们如何打猎和建立"欧博尼"（Ogboni）秘密社团。（特格纳尤斯，第82页以下）尼佐即博拉斯人的文明英雄，同时也是铁匠、医生和顾问。他向人类传授有用的技能，并创建了铁匠行会。（同上，第102页）在昌巴、达卡、多罗和其他相邻的部落中，关于铁匠－文明英雄的神话极其丰富。第一位铁匠不仅向人类传授用火和烹饪食物之道，而且教人们建造房子、性交和生育的技巧，以及如何举行割礼和葬礼，等等。（同上，第105页）基库尤族神话讲述了一个三兄弟的故事，他们都是文明英雄。老大教导人们怎样驯养家畜，老二传授农耕知识，老二教人们如何冶炼金属。（同上，第142页以下）简而言之，根据传说：安哥拉的第一个国王正是铁匠。（特格纳尤斯，第172页）

古苏丹文明见证了铁匠宗教活动的复杂情况，其思想基础深深根植于神圣铁匠和文明英雄的神话之中。然而，仅从农具制造者的角度

---

[1] 特格纳尤斯，第47页；L. 塔乌谢尔：《班巴拉历史》（巴黎，1942年），第276页以下；G. 迪特朗：《班巴拉宗教研究》（巴黎，1951年），第143页以下。

[2] 大量的神话故事必定会有一些内容上的不同，尤其是那些关于东部和西部埃维人的传统神话。根据特格纳尤斯的《文明英雄》，第61—63页，我们已经对基本的争论做了总结。

出发去解释铁匠的这种仪式的意义则会出现误差的。因为在农耕文明中，铁和铁匠未必都具有崇高地位。在杰出的农业文明之一——斯拉夫农耕文明中，铁只是发挥了辟邪的作用。尽管位于世界两个古代冶金中心附近，即克里米亚和叶尼塞，斯拉夫人的物质文化中却并不包括铁。①

因此，为了弄明白铁匠的文化功能，我们必须转向宗教神话和意识形态。我们已知天界的铁匠是至上神的儿子、信使或协助者，他完成了自己的使命，且大部分情况下是以自己的名义。神圣铁匠传授的"文明"没有局限于建立物质世界的秩序（甚至可以说是重整宇宙的秩序），同时他还启迪了人类的精神世界。铁匠大师通过使人类理解宇宙的奥秘，继续着并且完成了上帝的工作。因此铁匠在入会仪式和秘密社团中扮演着重要角色，在人们的宗教生活中占据重要位置。铁匠与部族首领以及国家君主的关系，具有明显的宗教特征，在某些地区，铁匠兼任地区的首领和君主。

在马萨伊人和其他含米特人分布地区，铁匠通常受到歧视。值得注意的是，在这些地方，人们不从事农耕，且对铁持有一种矛盾态度，那是一种巫术的和宗教的态度。如同所有圣物一样，铁既是危险的也是有益的。对铁和铁匠的这种矛盾情感相当普遍。

---

① 艾维·加斯帕里尼：《波罗的海的圣城：斯拉夫的摩尔人》（威尼斯，1951 年），第172 页以下、第 179 页。

第十章　铁匠、武士、祭师

这里我们仅探讨另外一组神话——在这组神话中，神圣铁匠和天
神的关系完全不在一个层级上。此处的神话主题是天神（确切地讲，
是飓风之神）与恶龙之间的战争。在这场战争中，世界岌岌可危，但
这并非表明这则神话具有宇宙论的意义。在制服这头恶兽之后，天神
将世界从它体内拽出（类似马尔杜克战胜混沌母神的主题），在其他
版本中，天神"拴住"这头恶兽，并将其扔向深渊，重整宇宙秩序，
将世界建立在稳固的基础上。在大部分版本里，正是因为飓风之神使
用了铁匠之神锻造的神奇武器，才得以战胜恶龙。在迦南经典《巴力
神颂诗》中，柯萨－瓦－哈西斯（Kôshar-wa-Hasis，字面意思："灵巧
而聪明的"）为巴力神锻造了两根棍棒作为武器，巴力神最终用其战
胜了海洋和地下水之神耶姆（Yam）。[1]

在乌加里特神话中，柯萨（Kôshar）有神圣铁匠的身份。据桑科
内顿留下的传说故事，楚色尔（Chusôr）首先发现了铁。（加斯特，
《泰斯庇斯》，第 154 页）在这个故事的埃及版本中，卜塔（陶器之
神）锻造的武器保障了荷鲁斯（Horus）战胜赛特（Set）[2]。同样，神

---

[1] 在西奥多·H. 加斯特所著《泰斯庇斯：古时近东地区的仪式、神话和戏剧》（纽约，
1950 年），第 154 页以下，可以看到翻译的文本，以及丰富的评注。

[2] 即日出战胜了日落。——汉译者注

圣铁匠陀湿多（Tvashtri）为大神因陀罗锻造了用来杀死恶龙弗栗多（Vritra）的兵器；赫菲斯托斯（Hephaistos）锻造了雷电，宙斯用它打败了堤丰（Typhon）；北欧大神托尔（Thor）用侏儒们为他锻造的雷神之锤碾碎了尘世巨蟒，这些侏儒就相当于斯堪的纳维亚版希腊神话中的独眼巨人库克罗普斯。

　　神圣铁匠和天神的合作不仅局限于共建世界秩序，铁匠也是天神的建造师和工匠。柯萨不仅制造了诸神之弓，还监管太阳神宫殿的建造，并且装饰其他神灵的圣殿。学者加斯特发现，这位铁匠之神也与音乐和歌谣有关。桑科内顿认为，楚色尔也创造了"美好言辞"，并且发明了创作圣歌和咒语的艺术。在乌加里特经典中，吟唱者被叫作考塔拉特（Kôtarât）。闪米特语言清晰地表明了铁匠的音乐技能；阿拉伯词 *q-y-n* 即"锻造""铁匠"，和希伯来、古叙利亚以及埃塞俄比亚语相关，意为歌唱或吟唱挽歌。[1] 同样，众所周知，poet 和希腊词 *poietes* 有词源学上的联系，意即"创造者""制造者"，并且"工匠"和"艺术家"也有语义学上的相似性。创造一词的梵文 *taksh* 用以表达《梨俱吠陀》颂歌的创作。（《梨俱吠陀》第 1 卷，第 62 页，第 13页；第 5 卷，第 2 页，第 11 页）古日耳曼语 *lotha-smithr*，意即"铁匠之歌"，莱茵河流域的 *reimschmied* 一词意为"打油诗人"或者"诗人"，这些词语明确地强调了铁匠、诗人和音乐家之间的密切联系。（加斯特，同上）史诺里认为，奥丁大神和他的布道者被称为"作曲者"。（奥尔哈弗，《日耳曼铁匠》，第 11 页）同样，在突厥－鞑靼和蒙古人中也存在类似情况，在那里，铁匠、英雄、歌手与诗人关系密切。（参见上文，第 062 页）。同样的情形也存在于茨冈游牧民族中，

---

① 金斯伯格，转引自西奥多·H. 加斯特：《泰斯庇斯》，第 155 页。

他们认为游牧者既是铁匠、补锅匠、音乐家，又是巫医和算命人。在欧洲，茨冈人叫自己罗姆（Rom），在亚美尼亚则叫洛姆（Lom），在波斯叫多姆（Dom），在叙利亚叫作多姆或杜姆（Dum）。朱尔斯·布洛赫写道："有趣的是，在印度，多姆是某一部落的名字，或者更确切地说是以前广泛分布的著名部落的聚集。"①在梵文经典中，他们则被认为是音乐家和贱民，但是他们主要还是以铁匠和音乐家而著称于世。颇为有趣的还有亚述冶炼工和铁匠——上文已提到过（参见第042页）——与多姆王朝联系紧密，起源于北部地区的多姆王朝统治过亚述。②

　　因此，曾经在不同程度的文明之间（历史悠久的标志），铁匠工艺、神秘科学（萨满、巫术、医术等）以及吟唱、舞蹈、诗歌艺术似乎有着密切的联系。此外，这些技艺似乎是以一种神圣秘术的形式传承下来，这一秘术包括入会、宗教仪式和"行业秘密"。我们无法完全理解这种复杂仪式的各个环节，其中有些也许永远是个谜。以上讨论过的几组神话和冶金仪式，已经足够使我们了解到它们的极端复杂性，并启迪我们从深层理解这个世界。然而，有一点是不变的，即金属的神圣性及由此产生的所有采矿和冶金活动的矛盾性和神秘性。正如此前提到的（参见第009页以下），石器时代早期的某些神话主题融入金属时代的神话之中。尤为重要的是"雷石"的象征意义，其中把投射物和石弹比作雷电，这种象征在冶金神话中得到了极大发展。铁匠之神或神圣铁匠为天神锻造的武器就是雷和闪电，例如，陀湿多给因陀罗锻造的武器。尼奴塔（Ninurta）的武器被称作"世界粉碎器"或

① 朱尔斯·布洛赫：《茨冈人》（巴黎，1953 年），第 28 页。
② 沃尔特·鲁本：《印度的铁匠与恶魔》，第 9 页；朱尔斯·布洛赫，同上，第 30 页。

"世界研磨器"，也被比作雷和闪电。正如雷和闪电是宙斯的武器，托尔之锤（雷神之锤）就是雷电。之所以说棍棒从太阳神掌心飞出，是因为柯萨为其锻造的武器可以投掷到很远的地方。（加斯特，同上，第158页）宙斯将他的雷电掷向远方。

这一系列意象极为重要：雷电、"雷石"（石器时代的神话遗产）和射程很远的魔法武器（有时候像回力镖一样，参见托尔之锤）。发现某些工匠神话的痕迹，推测出制造工具的魔力氛围，以及工匠尤其是金属时代铁匠的特殊声望是不难办到的。然而，尤其重要的是，在前农业时代和前金属时代的神话中，天神接替了自然特权，掌管着雷电和所有其他天气现象。与此相反，在各大文明（埃及、近东以及印欧地区）的神话中，飓风之神从神圣铁匠那里得到了这些武器——雷电。在这当中，不难看出能人神话般的胜利，一个预言能人主宰的工业时代即将到来的胜利。从这些关于铁匠辅佐天神捍卫其权利的神话中，我们可以清楚地发现锻造工具的重要性。事实上，这种创造在很长时间内都保持着其魔法或神圣特征，因为这些"创造"或"建造"只能是某些神的杰作。必须提及的是关于工具制造者神话的最后一个方面：工匠努力模仿神圣模型。天神的铁匠锻造出与闪电、雷相似的武器（在金属时代之前的神话中，由天神拥有武器是很自然的事）。现在，铁匠模仿制造了他们的庇护者的作品。然而，在神话学层面，必须强调的是对于神圣模型的模仿又被新的主题所取代：制造工作的重要性，即工人的创造力；最终是对"创造"物品的匠人的神化。

在这一原始体验范畴中，我们想要找到所有神话仪式的源头。其中，铁匠和神圣化或半神圣化的工匠，同时也是建筑师、舞蹈家、音乐家或者巫医，每一种职业都强调了关于"专门知识"的伟大神话的一个方面，即拥有"制造"和"建造"的神秘力量。歌词拥有很大的创造能力，歌唱必要的词语便可以创造物质。例如，莫伊宁（Väinämöinen）用歌声创造了船，通过吟唱咒语歌曲，他便可以造出一艘船来。当其不能完整唱出最后三句歌词时，他去咨询了著名的魔法师安特洛·维普宁（Antero Vipunen）。"制造"东西意味着知道创造事物或者使事物出现的魔法咒语。据此，工匠可以说是秘密的行家，即102魔法师，因此，所有工艺都包括某种入会仪式，都通过神秘传统一直传承下来。那些能造出物品的人都懂得制造秘术。同样，我们可以解释神话中的非洲铁匠在传播文明中的功能。天神命他创世、建立秩序，并向人类传授各种工艺知识。极其重要的是，强调非洲铁匠在入会仪式和秘密社团中的作用。通过上述的情形，我们尝试揭示神秘仪式或者有关上帝的知识。铁匠的这种宗教角色，就预示了神圣铁匠肩负着文明英雄的职责。他协助年轻人"修炼"灵魂，是人类的精神导师，是天堂神圣顾问的人间对应者。

值得注意的是[1]，早期希腊的某些神话人物——忒尔喀涅斯（Telchines）、卡皮里（Cabiri）、库里特（Kuretes）、达克堤利（Dactyls）——同时兼具神秘知识传授者和冶金行业开创者两重身份。根据各类传说，忒尔喀涅斯首次用铁和铜制造出工具，在伊达山，达克堤利发明了冶炼技术，库里特发明了铜制工具。库里特也因其独特的舞蹈而著称于世，这种舞蹈是通过胳膊的交相碰撞来表演的。像库里特一样，卡皮里拥有"熔炉大师"的称号，被称作"火之巨人"，对他

---

① 路易·热尔内、A. 鲍朗格：《宗教中的希腊神灵》（巴黎，1932 年），第 78 页以下。

的崇拜遍及地中海东部。[①] 达克堤利是女神西布莉的教士，西布莉居于大山之中，掌管着山脉、矿物以及山洞。[②] 据某些神话记载，达克堤利分为两组——右边二十个男人，左边三十二个女人。或者说，位于左边的达克堤利是男巫师，他们的工作被右边的女巫师扰乱，"半圆合唱团"围着熔炉……异性之间举行圣婚仪式……或者发生冲突，这同中国的神婚和祭献极为相似。[③] 据亚历山大港的克莱门（《劝告》，第2卷，第20页）记载的传说，科律班忒斯（Corybantes），亦称卡皮里，他们最早是三兄弟，其中一个被另外两个所杀，并将其头颅埋在奥林匹斯山脚下。这个传奇故事涉及古代的秘密宗教仪式的起源，正如我们所见，它与金属起源神话关系密切。

如今，这些神秘的冶金术士掌管着魔法（达克堤利、忒尔喀涅斯等）、舞蹈（科律班忒斯、库里特）、秘密宗教仪式（卡皮里），以及年轻男孩的入会仪式（库里特）。[④] 因此，在一些古代神话中，在秘密宗教仪式和入会仪式中，我们发现铁匠行会发挥着重要作用。珍莫诺强调"顾问"在库里特入会仪式中的作用，以及入会时对年龄的界

①J. 德·摩根：《东方史前学》（巴黎，1927年），第3卷，第173页以下。关于此内容，参见波利和维森瓦的《事实百科全书》中的相关文章。本格特·海姆博格在他的著作《卡皮里》（乌普萨拉，1950年）中对文本和铭文来源进行了穷尽性的总结。

②参见拉代：《美姆纳蒂斯王朝时期的吕底亚和希腊世界》（巴黎，1892年），第269页等；雨果·格莱斯曼：《希腊罗马时代的东方宗教》（柏林，1930年），第59页；本格特·海姆博格：《伊达山区之扬抑抑格》（《爱诺思年鉴》，第50卷，1952年，第41—59页）。关于达克堤利与地中海女神的联系，见U. 佩斯塔洛扎：《地中海地区的宗教》（米兰，1951年），第188页以下、第202页以下。关于达克堤利的生育功能，同上，第204页。

③加布瑞尔·杰曼：《奥德赛的创世纪》（巴黎，1954年），第164页。

④参见H. 珍莫诺：《库罗伊和库尔特斯》（里尔，1939年）；R. 贝塔佐尼：《神秘》（博洛尼亚，1924年），第71页以下；卡尔·凯伦依：《众卡比洛斯之秘》（《爱诺思年鉴》，第11卷，1944年，第11—60页）。

定。作为入会仪式的传授者和导师，库里特提醒我们在某些方面，关 104
注那些非洲铁匠英雄的作用。值得注意的是，在接下来更加复杂的文
化阶段，铁匠和马掌铁匠在入会仪式中的作用并未消减，仍旧保存完
好。马掌铁匠不仅享有铁匠的荣誉，且参与一些马的意象象征。

这些马并不是古代战车中的拉车马，而是由中亚地区游牧骑士发
明的骑乘马。正是在这种文化背景中，马为大量神话故事提供了灵感。
在"男权社会"（Männerbünde）的意识形态和宗教仪式中，马和它的
骑士占有一席之地。正是在这一关联中，我们遇到了马掌铁匠。有时
候幽灵驹、奥丁神或"愤怒的军队"或"野蛮猎杀"一起出现在马掌
铁匠的作坊，为其定制马蹄掌。① 在德国和斯堪的纳维亚的某些地方，
马掌铁匠参加秘密社团的入会仪式是最近以来的事。在施第里尔，马
掌铁匠给战马或军马（即圣马）钉蹄铁象征着死亡和此后的重生。
（霍夫勒，第54页）在斯堪的纳维亚和德国北部，给马钉蹄是进入秘
密社团和举行婚礼时的一种仪式。（霍夫勒，第54—55页）正如奥托
·霍夫勒所示（第54页），在婚礼上，给马钉蹄铁和举行马的死亡与
重生仪式，标志着未婚男子脱离单身状态，步入已婚男人的行列。

在日本"男权社会"里，铁匠和马掌铁匠在仪式中发挥着同样的
作用。② 铁匠之神被称为"天上的独眼神"。日本神话里有许多独眼或
独腿的神祇，这和秘密结社是分不开的。他们是雷电神、山神或食人 105
恶魔。（斯拉维克，第698页）众所周知，奥丁神通常是一个年长的独

---

① 奥托·霍夫勒：《德国人秘密联盟》（美茵河畔法兰克福，1934年），第53页以下；
亦参见 H. 奥尔哈弗：《日耳曼铁匠与其工具》，第95页以下。

② 亚历山大·斯拉维克：《日德文化秘密同盟》（《维也纳文化史论文集》，第4期，萨
尔茨堡–莱比锡，1936年，第675—764页），第697页以下。

眼，甚至盲人的形象。① 马掌铁匠作坊的幽灵驹也是独眼。这里我们遇到了一个错综复杂的神话仪式主题。对我们来说重要的是，其涉及秘密结社里的一个场景，在那里，体弱多病的人（独眼或独腿等）回忆了入会的肢解活动，或者描述了入会仪式主持者的外貌（身材矮小，侏儒，等等）。我们看到残疾的神祇经常和一些"外来者""山上的人"和"地下的侏儒"一起出现，也就是说，与被神秘氛围所包围的山中之人，一般来说即可怕的铁匠一起出现。在北欧神话中，侏儒因其打铁技艺而闻名于世，与某些精灵享有同样的声望。② 作为神圣铁匠的小矮人生活在地球的深处，此类传说普遍存在。对多贡人来说，已经消失于地下的小黑人是该地区首位神秘的居民——但是，作为铁匠，他们铁锤敲打的回声依然飘荡在空中。③ 在欧洲、中亚和远东（日本），在"兄弟会"的武士所举行的入会仪式中，铁匠和马掌铁匠依然占有一席之地。据说，北欧的人们在皈依基督教后，奥丁神和"野蛮的猎人"就被比作魔鬼和可恶的人。这一宗教信仰上的改变导致当地人将铁匠和马掌铁匠视为恶魔。④

106

在巫师、萨满和铁匠中司空见惯的"御火术"，在基督教的传说里被视为邪恶的：最常出现和最广为人知的形象就是喷火恶魔。或许现在我们对"火的主人"这一原型做了最终的神话学置换。奥丁－沃旦掌控着愤怒，即宗教式狂热。（《沃旦宗教狂热》，亚当·冯·布莱

① 奥托·霍夫勒，同上，第 181 页，注释 56。

② 参见斯蒂·汤普森分类的参考资料，《民间文学母题索引》（赫尔辛基，1932 年），第 3 卷，第 87 页（侏儒铁匠），第 3 卷，第 39 页（精灵冶金师）。

③ 特格纳尤斯：《文明英雄》，第 16 页。

④ 参见巴赫托尔德－史陶比利：《德国迷信手册》，在铁匠、魔鬼词条下；海德威格·冯·拜特：《童话符号学》（伯尔尼，1952 年），第 118 页以下。

梅）现在愤怒这个词，就像印欧宗教词汇中的其他宗教术语（狂热、灼热、恶魔）一样，都意味着在获取神圣力量之后，所引发的愤怒和极度的狂热。武士在他的入会打斗中变得怒火中烧，他产生的这种怒火会让人想起萨满和瑜伽大师带给人的神奇热量（参见第058—059页）。在这种情况下，武士和其他的"火的主人"极为相似：巫师、萨满、瑜伽大师或铁匠。上面提到的战神（太阳神、因陀罗等）和神圣的铁匠（柯萨、陀湿多等）的关系或许可以有一种新的诠释：神圣的铁匠用火来锻造，而战神则是通过愤怒在其体内产生怒火。正是这种与火的亲密关系，才将不同的神秘、宗教体验连接在一起，使得不同的职业间有了相似点，如萨满、铁匠、战士和神秘主义者。

在另外的关于欧洲民间传说的话题中，有一个关于通过炉火获得重生的故事。[1] 耶稣基督（或圣彼得、圣尼古拉斯、圣埃罗伊）扮演了马掌铁匠的角色，将人类扔进滚烫的烤炉，或在铁砧上锻造，以此 <u>107</u> 来治愈病人，并使其返老还童。武士、神父（或圣彼得等），或者铁匠，都在一位老妪（岳母等）身上努力重现这个奇迹：他们都不幸失败了。耶稣基督让死者在尸骨或骨灰中复活，从而解救了鲁莽的铁匠。许多传说讲道，耶稣基督来到写着"大师中的大师"的铁匠铺，牵着一匹钉了铁蹄的马，接替了铁匠的未竟工作。他去掉马的蹄铁，将其放在铁砧上加热，然后钉上马蹄，并将一名老妇人（铁匠的妻子或岳母）扔进火炉中，通过在铁砧上锻造，将她变成一位美丽的少女。铁匠尝试同样的做法，结果却失败了。（艾德斯曼，《圣火》，第40页、第82页以下）

---

① C. 曼德斯特兰德于1912年、卡尔－马丁·艾德斯曼于1949年对这个主题进行了全面的研究（《圣火》，第30页以下）。

这些广为流传的故事让人想起某种神话 - 仪式情境。在此情境中，火作为入会仪式的考验，是纯化和转变的中介（原始的基督教和诺斯替教用火进行洗礼就是最好的例子）。[1] 在这些传说中，耶稣就代表着伟大的"御火大师"，马掌铁匠也具备巫术特质。这也间接表明了古老信仰旺盛的生命力。火的主人，就像火本身一样，具有多种重要性：他可能具有神性，也可能具有魔性。在上帝的宝座前，天火燃烧着；在地狱里，地狱之火也燃烧着。在中世纪的宗教和民间传说中，耶稣和魔鬼都是火的主人。我们的目的是要让人们记住：在很长一段时间里，在这些著名的神话故事中，铁匠和马掌铁匠的神秘形象都具有重要地位，且这些故事会继续保持最初的重要影响力。[当然，这些显著的以及意识层面的影响力还有待继续讨论，但是，如果因此就将问题仅限于此，那未免会因为过于理性而犯错误。传说并不会将自身发展成警醒世人的世俗故事：它致力于抚慰心灵，并且滋养和激发人们的想象力。入会仪式中的象征——火、锻造、在铁砧上锻造而获得的死亡和重生在神话和萨满仪式中都有清晰的体现。（参见上文，第 060—061 页）受到民间传说的启发，与之类似的意象，直接作用于人的内心世界，即使后者没有认识到特殊象征的原初意义。]

---

① C. M. 艾德斯曼：《火的洗礼》（乌普萨拉，1940 年），第 93 页以下、第 134 页以下、第 185 页以下。

第十一章　中国炼丹术

　　在中国，一定程度上可以说，神秘冶金术和炼丹术是紧密联系在 一起的。葛兰言曾指出："道教可以追溯到铁匠行会时期，那时铁匠被认为是神奇巫术和原始力量秘密的守卫者。"[①] 正是在道教和新道教圈内炼金术得以传承。众所周知，人们普遍熟知的"道教"，吸收了大量远古时代的精神传统，又赋予了其新的意义。在此，仅举一例：道教大师接受并小心守护着恢复生命自发性和"动物生命"极乐状态的原始方法，如今，这些做法直接从狩猎民族的原始萨满教中得以传承，这无疑表明了这些方法有着悠久的历史。（参见拙著《萨满教》，第402页以下）

　　当然，我们不能混淆"连续"和"一致"这两个概念。中国炼丹方士的地位，绝不能和铁匠或者古老的巫师的地位相提并论。"道士们的丹炉源于古代铁匠的熔炉，对他们而言，长生不老（自东汉后）不再是铸造神圣器皿的结果（其需要铁匠向熔炉献祭），而是成功地配 制'神砂'后的奖励。从那时起，就有了一种修道成仙的新方法：通过饮食金液和朱砂，道士便可得道成仙。"[②] 炼丹方士，尤其是在新道教时期，尽力回归"古老智慧"，但由于中国社会转型，这一古老智慧

[①] 葛兰言：《古代中国的舞蹈和传说》，第161页。
[②] 康德谟：《列仙传》，第18页。

已变得支离破碎。炼丹方士是有修养的人：其祖先——猎人、陶工、铁匠、舞者、农夫，以及通灵者——居于传统文化的中心，通过入会和"行业秘密"，传统知识得以口耳相传。从一开始，道教就非常认同这些传统，甚至怀着极大的热情来维护它们。人们认为这是道教对"大众迷信"的痴迷，其包括各种技艺——如饮食、体操、舞蹈、呼吸、法术、萨满、通灵及巫术等。所有这些都表明，在道教所追寻的"世俗"层面上，一些传统习俗已发生了巨大变化，我们只需回忆一下某些萨满迷狂术的畸形变体，便可明白。（参见拙著《萨满教》，第398 页以下）尽管如此，在此类迷信的表象下，道士能够以某种方式感触到古老智慧的结晶，这正是他们所努力回归并转化的古老智慧。

　　这是一个相当模糊的区域，仍旧残留着原始人靠直觉获得的知识和古老传统，其并未受到文化史变迁的影响。正是在这一区域，道教获得了戒律、秘术和秘方。（这些传统来自古老的精神世界，这一精神世界与狩猎巫术、陶器发明、农业、冶金，以及伴随这些活动而来的体验和迷狂相关。）因此，可以说，除了必然的革新外，道教炼丹方士依然延续着亘古的传统。他们关于长寿和永生的观念，属于普遍存在的神话和民间传说的范畴。关于"仙丹"，动植物具有生命力和青春永驻的观念，以及有关仙境的神话都是原始观念的一部分，其普遍存在，并非仅限于中国范围。这里不再赘述（相关例子参见本书末"附录·注解J"）。这里仅指出，在何种意义上，炼丹方士接受并领会了这些存在于冶炼工与铁匠神话和仪式中的原始直觉。强调一些基本观念的发展，对我们也是极具启发性的，这些观念涉及矿石的生长、金属自然转化为黄金及黄金的神秘价值等等。至于与之相关的仪式体系，包括铁匠行会及其入会行业秘密，中国道教和其他派别继承了该仪式体系的框架部分。入会和行业秘密的仪式性传承，长久以来都是炼丹术传授的准则。

关于中国炼丹术的起源问题，专家们莫衷一是，最早提到炼丹术著作的年代仍不能确定。德效骞认为，最早的炼丹术文献可追溯到公元前 144 年，正是在这一年，皇帝下诏：凡伪造黄金者，予以公开处决。[1] 巴恩斯认为，首次提及炼丹术的年代，可追溯到公元前 4 世纪或公元前 3 世纪。德效骞（同上，第 77 页）认为，中国炼丹术的创始人是与孟子同时代的邹衍（前 4 世纪）。无论这个观点是否可靠，重要的是，它将现代化学的起源及其发展，同作为救世神学技艺的炼丹术区分开来。正如我们所说，作为救世神学技艺的炼丹术和源于道教的修行方法及其神话相一致，道教的目的绝非"制造黄金"（直到 18 世纪末，一直都是这样）。

事实上，就其作为一门独立的学科而言，中国炼丹术依托以下观念而建立：

（1）传统宇宙学原理；

（2）有关长生不老药和神仙的神话传说；

（3）旨在追求长寿、至福和精神自发性的技艺。[2]

这三种要素——原理、神话、技艺——属于史前文化遗产。若将最早证实炼丹术文献的日期，当成炼丹术诞生的年代，那绝对是一种错误的观点。"炼金""长生药"以及"降神"之间存在着非常明显且紧密的联系。栾大向武帝自荐，并向武帝保证，他可以实现这三种奇迹，但其仅在降神方面取得了成功。[3]

---

① 德效骞复制本：《炼丹术的起源》，第 63 页。有关中国炼丹术参考文献，参见本书末"附录·注解I"。

② 伊利亚德：《瑜伽：永生与自由》，第 283 页以下。

③ 爱德华·沙畹：《司马迁的史记》（巴黎，1897 年），第 3 卷，第 479 页。

方士李少君向汉武帝谏言："祠灶则致物，致物而丹砂可化为黄

<u>113</u> 金，黄金成以为饮食器则益寿，益寿而海中蓬莱仙者可见，见之以封

禅则不死"（司马迁，第3卷，第465页）。另外一位名士刘向（前

79—前8年）自称能"炼制黄金"，但最终却失败了。（参见德效骞著

作，第74页）几个世纪之后，中国最著名的炼丹方士抱朴子（葛洪之

号，254—334年①）向人们解释道，刘向之所以失败，是因为他没有

"金丹"（哲人石），而且在精神上也没有做足准备（因为炼丹方士必

须斋戒百日、焚香沐浴等等）。抱朴子补充说：这种转化不能在宫殿里

进行，必须离群索居，仅靠丹经是不够的；书里学到的只是皮毛，秘

诀才是关键，并且只能面授；等等。②

　　因此，对长生药的探寻就和寻找遥远的仙岛联系在了一起：遇见

神仙即可得道成仙。这种对远方岛屿上的神仙的探寻，从秦朝的皇帝

（前219年；司马迁，《史记》，第2卷，第143页、第152页；第3

卷，第437页）开始，一直延续到汉武帝时期（前110年；同上书，

第3卷，第499页；德效骞，第66页）。

　　同时，对黄金的追求也是一种精神诉求。黄金价值极高，位于大

地中心，与 chïe（雄黄或硫黄）③、黄色水银以及来世（黄泉）有着神

秘的联系。成书于公元前122年的一部经典《淮南子》就是这样记载

的。在这部著作里，可以找到加速金属变质（德效骞译文片段，第

<u>114</u> 71—73页）信仰的证据。这篇文章如果不是出自邹衍本人之手，则可

能来自邹衍学派。（同上，第74页）正如我们所看到的（参见上文，

───────────

① 据《辞海》（第6版缩印本），葛洪的生卒年为公元281—361年。——汉译者注

② 参见德效骞的总结，第79—80页，以及伊利亚德《瑜伽》第287页，注释1中的补

充参考书目。

③ 即砆。——汉译者注

第027—028 页），在中国，金属自然变质的信仰是很普遍的。炼金术士只是加速了金属的转变。像西方炼金术士一样，中国炼丹方士只是通过加速来完成"自然"的转化，但我们不应忘记，金属变成金子这一过程中包含着精神因素。黄金是贵金属，质地"完美"，纯净无瑕。炼金术操作必须模仿自然的进化，最终，自然得到赦免，获得自由。金属在大地腹部孕育，遵循着人体变化的时间节奏。通过炼丹术加速金属的成长，自然从时间法则中解脱出来。

由于加入了阳性的宇宙原则，黄金和玉石可以保护身体免受腐化。炼丹方士葛洪写道："金玉在九窍，则死人为之不朽。"陶弘景（5 世纪）详细解释："古来发冢见尸如生者，其身腹内外无不大有金玉。汉制，王公葬，皆用珠襦玉匣，是使不朽故也。"[1] 同样的原因，炼金瓶具有特殊的性能，可以使人长生不老。葛洪写道："以此丹金为盘碗，饮食其中，令人长生。"[2] 他还说过："至于真人作金，自欲饵服之致神仙。"[3] 但若要奏效，必须精心"准备"和"炼制"金子。只有经过炼金术的升华和转化，金子才会具有更强的生命活力，使人长生不老。

115

> 巨胜尚延年，还丹可入口。金性不败朽，故为万物宝。
> 术士伏食之，寿命得长久。土游于四季，守界定规矩。金砂
> 入五内，雾散若风雨。熏蒸达四肢，颜色悦泽好。发白皆变
> 黑，齿落生旧所。老翁复丁壮，耆妪成姹女。改形免世厄，

---

[1] 劳费尔：《玉器：中国的考古学和宗教研究》（芝加哥，1912 年），第 299 页。赤松子服食玉液：可入火而无烧伤，遂成仙；参见康德谟《列仙传》，第 35 页以下、第 37 页的注释 2，可参考其他服食玉石的材料；还可参考伊利亚德《瑜伽》，第 284 页，注释 1。

[2] 英文版为亚瑟·韦利译，出自《中国炼丹术考》，第 4 页。

[3] 英文版为约翰逊译，出自《中国炼丹术研究》，第 71 页。

号之日真人。①

根据保存在《列仙传》（完整的神仙传记）中的一个传说，这首赞颂长生药的诗篇的作者魏伯阳，成功炼制了"仙丹"。他服下几粒长生药，并把一些长生药给了他的弟子和他的狗。于是，他们留下肉身，加入神仙的行列。（参见贾尔斯，《中国仙谱》，第67页以下）

炼丹方士深谙中国传统思想，认为小宇宙和大宇宙传统是一致的。盛行的五行说（金、木、水、火、土）被认为和人类的器官是一一对应的：心与火的本质相同，肝与木的本质相同，肺和金属的本质相同，肾和水的本质相同，胃和土的本质相同。（约翰逊的文章，第102页）在炼金术词汇中，人体被看作一个小宇宙。著名的炼丹方士吕祖（8世纪）的传记作者②写道："心火似砂红，肾水如铅黑。"③与大宇宙休戚相关，人类拥有组成宇宙的所有元素和保障周期性革新的生命力。强调事物的某些本质非常必要。因此，朱砂的重要性，与其说是因为红颜色（鲜血的颜色，主要原则），不如说是因为放入火中，朱砂就产生了水银。因此，朱砂隐藏着起死回生的秘密（燃烧象征着死亡）。由此，朱砂可以确保人体永久焕发活力，并最终使人获得永生。抱朴子写道："用真丹三斤，白蜜一斤，合和日曝煎之，令可丸。旦服如麻子十丸，未一年，发白更黑，齿堕更生，身体润泽，长服之，老翁还成少年，常服长生不死也。"（约翰逊的文章，第63页）

---

① 《参同契》，第27章，引用部分为亚瑟·韦利所译，出自《中国炼丹术考》，第11页。《参同契》是第一部炼丹术专著，公元142年由魏伯阳所作，英文版由吴鲁强翻译，戴维斯作序，参见本书末"附录·注解I"及伊利亚德《瑜伽》，第285页，注释1。

② 吕祖即吕洞宾，其传记作者即张伯端，号紫阳，著有《悟真篇》。——汉译者注

③ 转引自丁韪良：《汉学菁华》，第60页。

道教神仙传记总集《列仙传》——作者刘安（前77—前76年）①，
但是，在公元1世纪时一定修订过——是记载朱砂作为长生药的最古
老的文献之一。"在汉高祖的统治下，炼丹方士用朱砂来炼制金子
（黄金无他用处，仅仅被用作制造带有魔力的餐具——过渡阶段）。但
是，从公元1世纪开始，人们相信服食朱砂可以使整个身体变红。"
（康德谟，法语译本《列仙传》，第18—19页）据《列仙传》记载，
一个官员服用朱砂三年后，从神圣的朱砂里得到飞雪。他连续服用五
年后，便得道升仙了。（康德谟，第146—147页）赤斧"能炼制水银，
净化朱砂②，和硝石服用三十年后，即可返老还童，头发（包括体毛）
变红"（同上，第271页）。

　　但是，通过净化精液，人体内也可以制造朱砂。"通过模仿动物和
植物，道教炼丹方士倒立身体，使精液流入自己的头颅。"③ 丹田，即
"朱砂的著名场域"，位于头部和腹部最隐秘的地方：正是在这里孕育
着炼金术士的不朽胚胎。这些"朱砂场域"的另一个名字叫作昆仑，
既指"西海之山"——仙岛——也指头颅的神秘部位。昆仑包括"类
似洞穴的室"（洞房宫，也指婚房）和"天堂"（泥丸宫）两部分。
"为了通过神秘的冥想进入昆仑，炼丹方士进入混沌状态，类似创世前　118
那种原始的无意识状态。"（R. 石泰安，同上，第54页）

　　有两个因素尤其值得注意：

　　（1）神秘的昆仑山与头部和腹部的神秘部位相似；

　　（2）一旦通过冥想进入混沌状态，炼丹方士就可以进入这些"朱

---

　　①《列仙传》具体成书时间与作者争议颇多，现多认为是西汉史学家刘向所著。另，据
《辞海》（第6版缩印本），刘安的生卒年为公元前179—前122年。——汉译者注

　　②《列仙传》原文为"能作水炼丹"，即能用水银炼丹。——汉译者注

　　③ R. 石泰安：《远东微型世界观》，第86页。

砂场域"最神秘的凹处，因此，混沌状态的作用就是使炼制永生胚胎成为可能。

对体内昆仑的认识，印证了多次强调的事实：道教的炼丹方士继承了古老的传统，包括长寿秘方和神秘的生理技艺。事实上，西海之山，即仙岛，是传说中古老的"一沙一世界"与小宇宙的象征。昆仑山分为两层：两个圆锥体叠加在一起，[①] 酷似丹炉，而葫芦也是由两个球体叠加而成。当然，在道教思想和民间传说中，葫芦具有重要地位，象征着小宇宙。生命和青春的源头隐含在这个葫芦形的微观世界里。这个主题——葫芦状宇宙——无疑是古老的。[②] 因此，重要的是炼丹术文献应该声明："培育朱砂（长生药）的炼丹方士，仿照天国塑造人间。他转向自己的身体寻找长生的秘诀，发现体内存在类似葫芦的天国。"[③] 的确，当炼丹方士达到无意识的"混沌"状态，便可以"洞察生命的本质，其状如拇指一般大小，既圆且方"（R. 石泰安，第 59 页）。这便是葫芦状的内在空间。

这种通过冥想获得的"混沌"状态，对炼金术来说不可或缺，由于种种原因，引起我们调查研究的兴趣。这主要是因为这种无意识状态（类似于胚胎或者蛋）与我们后面要讲到的原初物质，即西方炼金

---

① 有关此种象征意义的史前历史，参见卡尔·亨茨《死亡、复活、宇宙秩序》（苏黎世，1955 年），第 33 页以下、第 160 页以下等处。

② 参见 R. 石泰安：《远东微型世界观》，第 45 页以下。自古以来，享受极乐、修炼法术的仙居主题，都与葫芦或细颈瓶联系在一起；同上，第 55 页。法师和炼丹方士每晚都会退回到葫芦中。其原型就是洞穴，仙人的秘居所在，他们于无形之中修行得道。"入道修行的主题与洞穴联系非常紧密，因此汉语中的 tong（'洞穴'）最终就有了'神秘、悠远、超然'的意味。"（R. 石泰安，第 44 页）这些仙人洞（自成一体的仙界）的形状都是一些类似很难进入的细颈或者葫芦状的瓶子（第 45 页）。

③ 评论转引自《佩文韵府》，R. 石泰安译，第 59 页。

术中的混沌（第124页以下）极为相似。原初物质不应该仅仅理解为物质的原始状态，还应该理解为炼丹方士的内心体验。将物质还原为未分化的原始状态，在内心体验层面上，就相当于回归到胚胎状态。通过回归母体而获得青春和长寿的神话主题就是道教的主旨。最常用的方法就是胎息法。但是，只有通过熔炼熔炉里的各种原料，炼丹方士方可获得这种状态。当代道教调和论者的一篇文章指出：这就是为什么如来佛以仁慈之心向人类传授用火的方法，并教他重新参透本源以重塑他的本性和掌握他的命运。（转引自石泰安，第97页）

须要说明的是，这种被道士和西方炼金术士都称赞的"回归本源" <u>120</u>（第126页以下），仅是更古老、更普遍的一种观念，它在原始文化层面已经得到了印证：象征性的回归到世界本源，也就是说，通过重演宇宙起源，可以使人从疾病中痊愈。[①] 许多原始巫医都通过仪式性的重新创造世界，使患者获得新生，从而重新拥有各种完整的能量开始生存。道士和中国炼丹方士继承并完善了这种传统方法。除用它治疗各种疑难杂症外，还用它来治愈那些由于岁月摧残产生的疾病，即衰老。

从那时起，炼丹方士就把炼丹术区分为内丹和外丹。生活在9世纪末至10世纪上半叶的彭晓，在注解《参同契》时，明确区分了与实物相关的外丹炼丹术和与精神相关的内丹炼丹术。（韦利，同上，第15页）在此之前，慧思（515—577年）就已区分过了。苏东坡作于公元1110年的《龙虎铅汞说》[②] 里，已经清楚地解释了这种"内丹"炼丹术。这些"纯净的"、超验的金属对应人体的不同部位，炼丹过程不是

---

① 参见伊利亚德：《宇宙神话与巫术疗法》（《帕德马》，1956年）。

② 成书时间有误。据《辞海》（第6版缩印本），苏东坡的生卒年为1037—1101年，1110年苏东坡已经去世。

在实验室，而是在人体内发生的。苏东坡说："龙者，汞也，精也，血也，出于肾而肝藏之，坎之物也。虎者，铅也，气也，力也，出于心而肺主之，离之物也。心动，则气力随之而作。肾溢，则精血随之而流。"①

正是在 13 世纪，当禅宗学派繁荣时，炼丹术才成为一项完全成熟的修行和冥想的技艺。葛长庚是道教－禅宗炼丹术的主要代表人物，人称白玉蟾，他描述了三种深奥的炼丹术（韦利，注释，第 16 页以下）。第一种，身体充当铅，心充当水银，"冥想"（禅定）提供必要的液体，智慧提供必要的火。葛长庚补充说："这种方法可以使一般需要经过十个月的孕育期在眨眼间完成。"这些细节是有启迪作用的，正如韦利所说，中国炼丹术认为，孕育孩子的过程能够产出哲人石。这样的类比隐含在西方炼金术文献中（比如，他们说容器下的火，必须持续燃烧四十周——人类孕育胚胎所需要的时间）。

葛长庚倡导的方法，是几种传统观念的焦点，其中一些传统观念历史悠久。尤其是，一种观念认为，矿物和金属如同有机物一样，"生长"在地球内部，犹如子宫里的胚胎。还有一种观念认为，长生药（哲人石）有金属和胚胎的特征。最后，还有一种观念认为，在矿物质的层面

（即产出黄金），通过达到成熟和完善状态，可以加速各自（金属和胚胎）的生长过程。同样，尤其在人的层面，通过炼制长生不老药，人就可以达到完美状态。正如我们所看到的，因为小宇宙和大宇宙的结合，矿物和人类这两个层面彼此对应。由于炼金过程发生在炼金术士的体内，金属的纯化和转化就对应着人的完善和转化。中国天人合一的传统体系

---

① 转引自亚瑟·韦利：《中国炼丹术考》，第 15 页；也可参见吴鲁强、戴维斯：《中国古代炼金术专著》，第 255 页（中文版《参同契》）。

Naturam natura docet, debellet ut ignem.

EPIGRAMMA XX.

FLamma, vorat quæ cuncta, velut Draco, gnaviter urfit
    Virginis eximium vi fuperare decus :
Hinc lachrymis fuffufa viro dum fortè videtur,
    Ille fuit miferæ ferre paratus opem.
Protinus hanc clypeo velans contendit in hoftem,
    Et docuit tantas fpernere mente minas.

Michaël Maier, *Scrutinium chymicum*

'Nature instructs Nature to vanquish Fire'

本性教化本性，扑灭火焰。

警言短歌第二十首

吞噬了一切的火焰，就像一条龙，在严重的威胁下

少女无与伦比的美貌会被暴力所征服：

因此她只能用泪水灭火，一个勇士恰巧看到这一幕，

他准备好给那个可怜的女人带来帮助。

他立刻冲上前去进攻敌人，用盾牌挡住这个少女，

他教导她，用勇敢的精神来蔑视如此大的危险。

米歇尔·迈尔《炼金术研究》

"本性教化本性，扑灭火焰"

Fac ex mare & fœmina circulum, inde quadran-
gulum, hinc triangulum, fac circulum & ha-
bebis lap. Philofophorum.

EPIGRAMMA XXI.

Fœmina másque unus fiant tibi circulus, ex quo
  Surgat, habens æquum forma quadrata latus.
Hinc Trigonum ducas, omni qui parte rotundam
  In fphæram redeat : Tum Lapis ortus erit.
Si res tanta tuæ non mox venit obvia menti,
  Dogma Geometræ fi capis, omne fcies,

Michaël Maier, *Scrutinium chymicum*

'From a man and woman make a circle, then a square, then a triangle,
finally a circle, and you will obtain the Philosopher's Stone'

围绕一男一女画一个圆圈，再画一个方形，再画一个三角形，然后就得到了同样的圆形，你就可以得到哲人石。

警言短歌第二十一首

让一男一女为你组成一个圆形，

从这个圆形，会生成一个等边四方形。

在此基础上，你会画出一个三角形，

环绕着三角形的所有边，又会画出一个圆形：这就产生了哲人之石。

由于世事繁杂，你的思想难以立刻理出头绪，

如果你掌握了几何定理，就会明白一切。

米歇尔·迈尔《炼金术研究》

"绕着一对男女画一个圈，然后在圈外画一个方形，在方形外面画一个三角形，最后再加上一个圈，然后，你将会得到哲人石"

隐藏着这种秘传炼金术的奥秘：只需通过操作其中某一个层面，相应的其他层面也得到了同样的结果。

葛长庚提到的另外两种内丹炼丹术，是类似过程的变体。在第一种方法中，人体被比作铅，心脏被比作水银，在人的生理和身体结构层面，主要的炼金术元素被调动和激活。在第二种方法中，在生理和心理层面，主要的炼金术元素被激活。事实上，这里呼吸取代了铅，灵魂取代了水银。这就相当于说，当呼吸和心理状态被控制，即通过某种瑜伽（屏息，对心理精神过程的掌控和固定），炼金术操作得以完成。最后，第三种方法就是，精液相当于铅，血相当于水银，同时，肾取代了水，心灵取代了火。

不难发现，在后两种方法中，中国内丹炼丹术和印度瑜伽－密宗技艺有着惊人的相似性。葛长庚清楚地看到了这一点："对于这种情况，可能有人反对说，它与禅宗的方法几乎一样。对此，我认为普天之下无二法门，智者永远拥有同样的心灵。"（韦利，第 16 页）值得 125 注意的是，性元素可能起源于印度。这里补充一下，炼丹术和瑜伽－密宗（包括屏息和"固定精液"）技艺之间的相互影响通过两种方式：如果说中国炼丹方士从道教借用了特定的、近似密宗的方法，道教则反过来使用了炼丹术的象征手法（例如，把女人比作炼丹方士的熔炉）。①

---

① 参见伊利亚德：《瑜伽》，第 396 页。容成公善"补导"（常用来指道教的房事技巧，"房中术"）之事。"取精于玄牝，其要谷神不死，守生养气者也。发白更黑，齿落更生。事与老子同。"（康德谟，《列仙传》，第 55—56 页）玄牝，生养天地万物的道（谷神）；参见 R. 石泰安，同上，第 98 页。但在刚引的文本中，此表述指微观宇宙，有精确的生理含义。（康德谟，第 56 页，注释 3）此术为吸取行交接之术女子的精气："玄牝之门，庶几可求。"（同上，第 57页）"葛洪断言有十余名作者写了道家房中术，其宗旨为'还精补脑'（房中之法十余家……其大要在于还精补脑之一事耳）。"（同上）亦参见上书，第 84 页、第 181—182 页。

至于控制呼吸节奏，直至中止呼吸的练习，多个世纪以来，一直是中国炼丹术的一部分。抱朴子写道：屏息心跳一千次，可返老还童。"老人那样做的话，就会变成年轻人。"[1][2] 在印度影响下，某些新道教教派，如"左手"密宗，认为呼吸停止是一种固定精液和心灵活动的方式。在中国人看来，屏息和固定精液使人长寿。[3] 但是由于老子和庄子都已经熟悉"有条理的"呼吸，其他道教作者也推崇胎息法，[4]

126 据此我们认为胎息法起源于中国。和中国其他一些精神技艺一样，这些呼吸方法起源于之前提及的史前时期的传统（第083—084页），包括一些食谱，以及为达到完美的自发性和至福而进行的练习。

"胎息"的目的是模仿胎儿在子宫的呼吸。"返本还元，却老归婴"，《胎息口诀》的序中这样说。[5] 如今，正如我们看到的，这种"返本还元"也是炼丹方士通过其他方式所追求的。

---

① 英文版为约翰逊译，《中国炼丹术研究》，第48页。

② 原文为：渐习转增其心数，久久可以至千，至千则老者更少，日还一日矣。——汉译者注

③ 参见伊利亚德：《瑜伽》，第395页以下。

④ 参见伊利亚德：《瑜伽》，第71页以下。中国呼吸技法源远流长，已由最近发现的周朝铭文所证实。参见卫德明：《一篇关于呼吸技法的周代铭文》（《华裔学志》，第12期，1948年，第385—388页）。

⑤ 马伯乐译：《古道教中如何产生"道义"》（《亚洲报》，1937年，第177—252页、第353—430页），第198页。

第十二章　印度炼金术

同样，在印度，大量证据表明，炼金术是一种精神层面的技能。127我们在别处已经阐述了炼金术、哈他瑜伽和密教之间的密切联系。①此处，我们只对那些更为重要的关系做进一步探讨。首先是由阿拉伯和欧洲的旅行者记载的，关于瑜伽－炼金术士的"流行"传统。据说，通过调整呼吸节奏（吐纳调息法）和使用植物与矿物制成的药剂，瑜伽炼金术士可以青春永驻，变金属为黄金。许多传说故事中都提到了炼金术士所创造的瑜伽修行者奇迹，他们能够飞行、隐身，等等。（参见《瑜伽》，第 176 页）我们应该注意到，这些奇迹正是瑜伽神奇力量的展现（悉地）。

梵文和民间传统文学，很好地证实了密宗瑜伽与炼金术之间的这种共生关系。著名的中观派哲学家龙树创作了大量的炼金术作品。点石为金似乎也是瑜伽修行者所获得的神力之一：最具声望的密宗"悉达"（siddha，遮伯梨、迦摩利、毗耶黎等）同时也是著名的炼金术士。纳达派（Nâtha Siddha）的月露术具有非凡的炼金术意义。最后，在《全哲学纲要》（Sarvadarshana-samgraha）中，玛达瓦指出炼金术128（raseshvara darshana，即"汞的科学"）是哈他瑜伽的一个分支："不能将汞的方法（长生方）简单看作对金属的哀悼，因为通过保存躯

---

① 参见伊利亚德：《瑜伽》，第 274 页以下。

体，汞的方法成为获得救赎这一终极目标的最直接有效的方法。"玛达瓦曾经引用过的炼金术论著《炼金术之圆满》中指出："灵魂（jīva）的解脱始于汞的方法。"①

人们自然会想到瑜伽，尤其是密宗哈他瑜伽与炼金术之间的某些契合。首先，专注于身体和心灵的瑜伽修行者，与专注于物质的炼金术士之间存在明显的相似性。其目的均为"净化"这些不纯净的物质，"完善"它们，最后把它们转化为"黄金"。因为，正如我们所知，"黄金是永生不朽的"：它是完美的金属，象征着纯洁、自由和不朽，而这些正是瑜伽修行者通过禁欲，努力从"不洁净"和"奴役"的精神心理生活中"提取"的东西。换言之，瑜伽修行者通过向物质"投射"禁欲主义而取得的结果，也正是炼金术士希望获得的结果。为了把原人从原初物质（prakrti）范畴中分离出来，炼金术士对金属进行如同"净化"和"禁欲"的化学操作，而并非通过瑜伽式的苦修。因为物质和人的身心之间存在完全的一致性，即两者都是原初物质的产物。最"劣质"的金属和最佳的心理精神体验之间是一个连续的过程。随着后吠陀时代的到来，人们期望从仪式和生理活动（饮食、性欲等）的"内化"中，获取对精神世界很重要的成果，那么，期望通过将物质活动"内化"来获得类似的成果，亦是合乎逻辑的。实际上，炼金术士将禁欲主义投射于物质，类似于实验室中实验操作的"内化"。

几乎所有的瑜伽派别，甚至钵颠阇利（Patañjali）经典瑜伽都证实了这两种方法的相似性。不同派别的密宗瑜伽与炼金术之间的相似性更为明显。事实上，哈他瑜伽修行者和密教信徒想使其身体化为不朽

---

① 参见伊利亚德：《瑜伽》，第 281—282 页。

之身，即"圣体"（*divya-deha*）、"慧体"（*jñāna-deha*）、"完体"（*siddha-deha*），或在其他语境中称为"现世解脱者"（*jīvan-mukta*）。对于炼金术士来说，他们追求身体的不朽，向往青春永驻、力量永在和四肢柔韧如初生。在两种情况中——密宗－瑜伽和炼金术——转化身体的过程包含了仪式性的死亡和复活的体验。（参见拙著《瑜伽》，第272页以下）除此之外，密宗信徒和炼金术士都努力去主宰"物质"。他们不像禁欲者和玄学家那样遁世隐居，而是梦想着征服世界，并改变世界存在的法则。简言之，有足够的证据表明：在密宗修行术和炼金术士的工作中，他们均致力于逃离时间法则，获得永生和绝对的自由。

也许，转化金属存在于炼金术士所享有的"自由"之列。炼金术士积极地介入原初物质（*prakṛti*）的演化过程。在某种意义上，甚至可以说炼金术士参与了对自然的"救赎"①。数论瑜伽认为，每个灵魂（*purusha*）都有自主性，因而每个灵魂解救了原初物质的一部分——130因为，炼金术士的灵魂使组成身体、生理和心理精神生命的物质，重新吸收自身，重设自然的原始状态，亦即绝对静止。因而，炼金术士的转化行为，加速了原初物质（*prakṛti*）缓慢演化的节奏。这样有助于他摆脱宿命的束缚，就像瑜伽修行者，通过构造"圣体"，把自然界从其法则中解救出来一样：的确，瑜伽修行者成功地改变了自身的本体地位，并将自然永不停息的"周而复始"，变为矛盾的、不可思议的停滞状态（因为停滞属于精神的存在形式，而非生命和生物的形态）。

如果在瑜伽－密宗的语境下研究炼金术的观念、象征符号和秘术，

---

① 当然，该术语在此处的意思不同于其在基督神学中的意思。

或联系印度关于人神（men-gods）、巫师和神灵的史前精神信仰，所有这些就更容易理解了。正如中国道教和炼丹术那样，密宗瑜伽和炼金术整合，并赋予这些神话和诉求以新的意义。在先前的研究中，我们已经讨论了印度不同"神秘"技艺之间的密切联系（参见《瑜伽》，第 292 页以下及各处），这里无须赘述。

目前，关于印度炼金术的历史起源问题未有定论。根据某些东方学家（基斯、吕德斯）及大多数科学史家（鲁斯卡、斯特普尔顿、缪勒、冯·李普曼）的观点，炼金术是由阿拉伯传播到印度的。他们尤其强调汞在炼金术中的重要性，以及汞是在后期文献中才出现的这一事实。[①] 但是还有一些学者（例如霍恩勒）则认为在《包尔文书》（可追溯到 4 世纪）中汞已有所提及。另一方面，2 世纪到 5 世纪之间的一些佛教经典则关注将金属和矿石转化成黄金。《华严经》（2—4 世纪）记载："如有药汁，名诃宅迦，人或得之，以其一两变千两，铜悉成真金。"[②]《金刚般若波罗蜜经》（中译本出现于 402—405 年）记载得更为详细。"施以药物和咒语，人可以把青铜变成黄金。巧用药剂，白银变黄金，黄金变白银。通过意念，可变土石为金。"最后，龙树的《大智度论》，将"点石为金"看作悉地（神奇力量）之一。该书由鸠摩罗什（前 344—前 413 年）[③] 译为中文，因此，比阿拉伯炼金术的全盛时期早了整整三个世纪，而后者始于贾比尔·伊本·哈杨（约 760 年）。龙树认为，可以通过草药（osadhi）或"三昧（samādhi）的力量"，即瑜伽，来实现物质的转化。（伊利亚德，《瑜

---

① 参见伊利亚德《瑜伽》的参考书目，第 278 页以下、第 398 页以下；亦参见本书末"附录·注解 K"。

② 诃宅迦，梵文 Hataka，《华严经》佛陀跋陀罗译本称作"阿罗婆"，实叉难陀译本称作"诃宅迦"，般若译本称作"诃楠迦"。——汉译者注

③ 鸠摩罗什的生卒年实应为公元 344—413 年。——汉译者注

伽》，第 278—279 页）

简言之，在印度对物质转化的信仰如同对永生的信仰，要早于阿拉伯炼金术士的影响。龙树的论著对此表述得十分清晰：转化要通过药物或者瑜伽来实现——正如我们所见，炼金术自然而然地成为最可信的"秘术"之一。印度炼金术对阿拉伯文化的依赖并没有控制他们的信念。炼金术的思想体系和实践，体现在禁欲者和瑜伽修行者周围的环境中——他们在穆斯林入侵印度时，没有受到伊斯兰教的影响。尤其在伊斯兰教未传入的地区，发现了不少炼金密宗经典，如尼泊尔和使用泰米尔语的国家。即使假设汞是被穆斯林炼金术士引入印度的，也不能把它定义为印度炼金术的根源。作为与密宗瑜伽并行不悖的一种技艺和思想观念，汞早已存在了数个世纪，成为印度炼金术士所了解并应用的物质。汞的试验必定催生了化学雏形的出现，使之与传统的印度炼金术一起逐步发展。

让我们浏览一下严格意义上的炼金术著作。这些著作表面上比西方炼金术士的专著更易读懂，却并没有透露炼金术的真正秘诀。但是，这些著述阐明了炼金术实验所处的水平，并使我们可以推知实验目的，这对我们来说已经足够了。在《炼金术行家》中，龙树这样描述炼金术行家：聪慧、敬业、纯洁、内敛。[1]《炼金术集》（第 7 卷，第 30 页）明确指出："那些诚实、远离诱惑、热爱神、能够自控并习惯了合理饮食和生活规律的人，才能进行这些化学操作。"（普拉富拉·钱德拉·雷，第 1 卷，第 117 页）实验室必须建造在森林中，远离污浊。（《炼

---

[1] 普拉富拉·钱德拉·雷：《印度化学史》，第 2 卷，第 8 页。下文中，《印度化学史》中所引用的参考文献由普拉富拉·钱德拉·雷整理并出版。应当牢记作为有名的化学家、贝特洛之徒的普拉富拉·钱德拉·雷，对与化学雏形密切相关的著作情有独钟。

金术集》，普拉富拉·钱德拉·雷，第 1 卷，第 115 页）同一著作（第
6 卷）指出：门徒必须尊敬师父，并敬畏湿婆，因为炼金术是由湿婆
神亲自传授。除此之外，必须为湿婆制作一个汞阳具，并参与到某些
性仪式当中，（普拉富拉·钱德拉·雷，第 1 卷，第 115—116 页）这
些清晰地呈现出炼金与密宗之间的共生关系。

133　　《风神咒怛陀罗》称湿婆为"汞神"。（普拉富拉·钱德拉·雷，
第 2 卷，第 19 页）在《俱耆葛怛陀罗》中，湿婆称汞是他的再生法
则，赞美汞被"固定"（死亡）六次之后的性能。湿婆（12 世纪）以
Harabîja（直译为：湿婆的精液）这一术语定义汞。再者，在某些密宗
中，汞被当作所有生物的"再生法则"。至于湿婆的汞阳具，一些密宗
经典规定了其制作方式。①

　　汞的"固定"（或"死亡"）的化学意义与纯炼金术（瑜伽－密
宗）的含义联系紧密。降低汞的流动性，等同于将处于"静止意识"
中的心理精神进行矛盾转化，没有任何调控，也因此并不涉及"变"。
在炼金术术语中，"固化"或者"杀死"汞相当于实现对意识和情绪
的控制（情绪抑制），这是瑜伽的终极目标。因而也是被"固化"的
汞的无限效能。《金怛陀罗》断言，通过食用"杀死的汞"（*nasta-pis-
ta*），人可以获得永生。少量的这种"杀死的汞"可以把十万倍的汞变
成金子。即使是炼金术士的尿液和排泄物也能够把铜转化成金子。②

---

① 普拉富拉·钱德拉·雷，第 1 卷，第 79 页，引言部分。关于汞的"净化"和"固
定"，参见同上，第 1 卷，第 130 页以下。关于"消灭"金属的一般方法，参见同上，第 1
卷，第 246 页以下。

② 雷，第 2 卷，第 28—29 页。《瑜伽性奥义书》（第 73 页以下）引用了通过涂抹粪便来
把铁或其他金属转化成金的能力，并将此能力看作瑜伽神功之一；参见伊利亚德：《瑜伽》，
第 138 页。关于杀死的汞，亦参见《汞海》，第 11 卷，第 24 期，第 197—198 页（雷，第 1
卷，第 74—75 页）和《水银——如意宝珠》（同上，第 2 卷，第 16 页）。

《鸦月主怛陀罗》声称，"杀死的汞"可以产生出其数量一千倍的金子。铜在勾兑一定的汞制剂后就转化成了金子。（普拉富拉·钱德拉·雷，复制本，第 2 卷，第 13 页）《风神咒怛陀罗》（第 1 卷，第 40 章）这样描述杀死的汞：无光泽，无流动性，比汞轻，有颜色，等等。同一本书指出：湿婆揭示了"杀死"汞的炼金秘术，并秘传给下 134 一代的行家。① 根据《炼金术集》第 1 卷第 26 页记载，通过服用汞，人可以避免由前世罪孽所引起的疾病。（普拉富拉·钱德拉·雷，第 1 卷，第 78 页）《炼金术行家》第 3 卷第 30—32 页，提到汞制成的长生药可以将人体转化为圣体。（普拉富拉·钱德拉·雷，第 2 卷，第 6 页）在同著中，龙树声称，他可以提供一种抵抗"皱纹、白发和其他衰老症状"的药物。（普拉富拉·钱德拉·雷，第 2 卷，第 7 页）"矿物制剂作用于金属和作用于人体具有同样的功效。"（同上）印度炼金术士常用的这个比喻，阐明了他们的基本概念之一。像人体一样，金属也可以通过汞制剂被"净化"和"神圣化"。这些制剂可以传达湿婆的治愈美德，因为对于整个密宗世界，湿婆即救赎之神。《汞海》建议，首先把汞用在金属上，然后再用于人体。② 如果我们相信《汞之心怛陀罗》，炼金术甚至可以治愈麻风病，可以使人返老还童。（普拉富拉·钱德拉·雷，第 2 卷，第 12 页）

无须赘述，这几条引文足以表明印度炼金术的特征：它并非化学雏形，而是一种技术，与哈他瑜伽及密宗创造的其他"微生理学"方法相同；它有着相似的目标，即转化身体和获得自由。这点清楚地记

---

① 参见普拉富拉·钱德拉·雷，第 2 卷，第 21 页。参见伊利亚德《瑜伽》，第 305 页以下，关于密宗"成就者"的"教义传播"之神话。

② 转引自玛达瓦：《摄一切见论》，第 80 页。

载于诸如《水银——如意宝珠》等论著中，关于制备和应用"杀死的汞"，《水银——如意宝珠》提示得最多。重要段落如下："当水银与等质量、经过提纯的硫黄发生反应后，效力增加一百倍；与两倍质量、经提纯的硫黄发生反应后，可治愈麻风病；与三倍质量、经提纯的硫黄发生反应后，可治愈精神疲劳；四倍时，可以去除白发和皱纹；五倍时，可治愈肺结核；六倍时，它就成为治愈所有生理疾病的神丹妙药。"（参见普拉富拉·钱德拉·雷，第 2 卷，第 55—56 页）人们欣赏炼金术的"神秘"价值，而对其科学或化学价值不感兴趣。众所周知，汞和硫黄在混合时的最大比例为 4：25，超过这个比例，多余的硫黄未经反应就升华掉了。引文中，《水银——如意宝珠》的作者，用化学实验的语言，来表述那些神丹妙药与哈他瑜伽的万灵药和回春术。

当然，这并不是说印度教教徒没有研究科学的能力。像其西方同行一样，当印度炼金术士不再固守传统，而是潜心研究客观现象和试验，努力完善有关物质性质的知识的时候，他们绘制出了具有化学雏形的元素表。印度学者观察细致、思维缜密，其好几项发现都早于西方的同行。仅举几个例子，早在 12 世纪，他们就意识到火焰颜色在金属分析中的重要作用。[1]普拉富拉·钱德拉·雷指出：早于阿格里帕[2]和帕拉塞尔苏斯三个世纪，印度教学者就精确地描述了冶金过程。在药典领域，印度教教徒取得了令人瞩目的成果：早在欧洲人之前，他们就极力主张内服煅烧金属。帕拉塞尔苏斯是第一个努力让人们内服

---

① 参见普拉富拉·钱德拉·雷《汞海》中的部分章节，同上所引，第 1 卷，第 68 页。普拉富拉·钱德拉·雷已在《印度丛书》（加尔各答）中编辑过《汞海》的全文。

② 亨利·科尼利厄斯·阿格里帕（Henry Cornelius Agrippa）。——译者注

硫化汞的人，而且在 10 世纪这种药物就已被印度人运用。① 从伐八他氏（Vāgbhata）时期开始，印度医学就有了使用金子和其他金属的大量例子。②

根据普拉富拉·钱德拉·雷的研究，弗林达和遮哥罗波尼（Cakrāpani）开启了印度医学的新时期，在此期间，矿物的使用替代了之前植物的使用。不过，在这两位的著述中，还能发现密宗的影响。在作品中，他们介绍了密宗信仰独有的手势和程式。（普拉富拉·钱德拉·雷，第 1 卷，第 56 页）正是在密宗之后（普拉富拉·钱德拉·雷称之为医疗化学时代），科学主义或实证主义开始兴起。对长生药的探索和类似的神秘活动，销声匿迹并让步于实验技术。（普拉富拉·钱德拉·雷，第 1 卷，第 91 页）《炼金术集》（13—14 世纪）就是这一时期的典型产物。因此，这类作品中关于传统炼金术的描述具有更加重大的意义。《炼金术集》开篇便向拯救人类于疾病、衰老和死亡的神致意（普拉富拉·钱德拉·雷，第 1 卷，第 76 页），随后又列举了炼金术士，包括著名的密宗大师（同上，第 77 页）。这本著作介绍了纯化金属的秘方，③ 提到了钻石④起死回生的功能，以及内服金子等。（普拉富拉·钱德拉·雷，第 1 卷，第 105 页）上述内容表明：炼金术 137 的精神功能一直在延续，甚至在这本出现很晚的著作中，也能找到它

---

① 参见普拉富拉·钱德拉·雷，同上，第 1 卷，第 59 页，弗林达博士《悉达瑜伽》中的文章。

② 参见普拉富拉·钱德拉·雷，第 1 卷，第 55 页。

③ 背诵这些秘方是炼金术活动本身的一部分，《炼金术集》和其他作品都对此做了详细阐述。

④ 钻石，与"雷电"和佛的本质相同，在密宗象征中扮演着重要的角色；参见伊利亚德《瑜伽》，第 254 页及各处。

的踪迹。这本著作的文字表述较为精准且合乎科学逻辑。[①]

炼金术文献中，经常会提到这句话："我只能公开那些已亲自实验并核实的过程。"[②] 人们有理由怀疑，这些实验是纯粹的化学实验，抑或仅是关于密宗－炼金术的实验。因为一个完全禁欲和神秘的传统需要通过实验来使其合法化。与我们所说的玄学和抽象的道路不同，重要的思潮包括瑜伽、密宗，尤其是哈他瑜伽派别，都强调了实验的重要性：正是通过身心层面的修炼，瑜伽修行者逐渐走向了自身的解放。远古以来，印度精神的核心部分就十分倚重实验——直接的实验知识，构成了身体和精神生活的基础。这里，我们无须引述通过控制植物系统和精神心理，瑜伽修行者所获得的大量成果。

正如我们所说，炼金术是泛印度试验传统中不可或缺的一部分。140 由此可知，即使炼金术士强调试验的重要性，也并不表明他具有现代意义上的科学思维。他只是声明自己参与伟大的印度传统，这一伟大传统不同于其他传统，尤其不同于现代学术和推理的传统。炼金术实验的现实性无须质疑，它们不是猜测推理，而是在实验室对矿物和植物进行的具体实验。但是要了解这些实验的本质，我们不仅要考虑炼金术士的目的和行为，还应弄明白在印度人眼里，这些"物质"是什么。这些物质不是呆滞的，它们呈现出原初物质（*prakrti*）无尽表征的不同阶段。我们已经注意到，植物、石块、金属以及人体，它们的生理和心理精神生活，只不过是同一宇宙过程的不同阶段。因此，这些物质从一个阶段到另一个阶段，从一种形式转化成另一种形式是可

---

① 伊朗炼金术广泛地流传着对卤砂（氯化铵的俗称）的详尽描述；卤砂被伟大的哈杨采用，因而深得阿拉伯炼金术士青睐。参见本书末"附录·注解 L"。

② 参见《水银——如意宝珠》，普拉富拉·钱德拉·雷，第 2 卷，第 64 页；其他文本同上。

能的。

此外，操作过程中与"物质"接触会产生精神结果——如同西方现代化学诞生以后的情况。研究矿物和金属就得接触其自性，改变它的形式，并参与它的进程。如今，在炼金术士所处的意识形态下，在密宗教的思想体系中，自性不仅是经典数论派（Sāṅkhya）和瑜伽的宇宙哲学原理，而且是女神和生命力（Shakti）的原初模式。正因为有了密宗教派对象征和技艺的详尽描述，人们通过直接经验即可理解自性。对于密宗来说，每个裸体女人都是自性的化身和体现。当然，这不是一个性爱或者审美体验的问题。长久以来，印度有涉及相似体验的大量文献。但据密宗推测，经过适当的身体和精神训练，通过端详女性的裸体，人可以揭露自然的原初模式。

141

也就是说，就印度炼金术士而言，对矿物质的操作不是，也不可能是简单的化学实验。相反，这些操作涉及炼金术士的业力（karmic）状况，换言之这些操作具有重要的精神结果。只有当矿物质不再具有宇宙论的特质，并且变成无生命物质时，真正的化学科学才成为可能。转换视角能产生新价值观，并使化学现象的出现（即观察和记录）成为可能。用现代科学家所推崇的格言来说，即价值观创造了现象。

Hermaphroditus mortuo similis, in tenebris jacens, igne indiget.

EPIGRAMMA XXXIII.

ILle biceps gemini sexus, en funeris instar
  Apparet, postquam est humiditatis inops:
Nocte tenebrosâ si conditur, indiget igne,
  Hunc illi præstes, & modò vita redit.
Omnis in igne latet lapidis vis, omnis in auro
  Sulfuris, argento Mercurii vigor est.

Michaël Maier, *Scrutinium chymicum*

'The Hermaphrodite, like a dead man, lying in darkness has need of fire'

110

这个雌雄同体的人，躺在黑暗中如同死人，他需要火的焚烧。

警言短歌第三十三首

那个雌雄同体人，在身体没有了湿气之后，

看上去就像一个死人：

在漆黑的夜晚，如果要存活，他需要火的焚烧，

你为他生火，生命立刻回还。

所有石头的力量隐藏在火中，所有硫黄的活力在黄金中，

所有水银的活力在白银中。

米歇尔·迈尔《化学研究》

"躺在黑暗之中，雌雄同体人，像死去之人，需要火的焚烧"

Draco mulierem, & hæc illum interimit, simulque sanguine perfunduntur.

EPIGRAMMA L.

Alta venenoso fodiatur tumba Draconi,
  Cui mulier nexu sit bene vincta suo:
Ille maritalis dum carpit gaudia lecti,
  Hæc moritur cum qua sit Draco tectus humo.
Illius hinc corpus morti datur, atque cruore
  Tingitur: Hæc operis semita vera tui est.

Michaël Maier, *Scrutinium chymicum*

'The Dragon and the Woman destroy one another and cover themselves
with blood'

龙杀死了女人，女人也杀死了龙，他们一起躺在鲜血中。

警言短歌第五十首

毒龙挖了一个深深的墓穴，

女人被他紧紧地缠绕：

当那个情人获得了床第之欢的时候，

这个女人死去，龙和她一起被泥土掩埋。

这样，他的肉体被交给了死亡，并浸染在鲜血中：

这是炼金术真正的方法。

米歇尔·迈尔《化学研究》

"恶龙与女子同归于尽，全身布满血迹"

第十三章　炼金术与入会仪式

142　　这里我们不打算谈论有关亚历山大时期、阿拉伯和西方的炼金术的原理和方法，这个话题过于宽泛。读者可以参阅贝特洛和冯·李普曼的作品，以及鲁斯卡、柏廷顿、W. 甘德尔、F. 舍伍德·泰勒、约翰·里德、甘岑穆勒等人的调查研究。然而要牢记的是，这些学者都认为炼金术是化学的雏形。另外，也不乏一些将炼金术视为实验技术和精神技艺的作品。读者若想进一步了解传统观点，可参阅富尔坎耐利、尤金·康赛里耶特、埃佛拉、亚历山大·冯·伯努斯和勒内·艾罗的作品。这里提及的只是 20 世纪最后二十五年出版的关于传统炼金术学说的著作。荣格的心理学解读，在炼金术史料编纂中，则单独成为一章。①

　　我们可以找出某些炼金术的象征意义和操作方法，证明它们与原始象征和技艺之间存在一致性，而原始象征和技艺又与物质转化过程相联系，这对我们来说就足够了。我们认为炼金术重要的源头之一，可以从这样一些观念中找到。这些观念涉及大地母亲、矿石、金属，143 尤其是涉及那些从事采矿、熔炼和锻造的原始人的体验。人类很早就开始了"征服物质"，可能是在旧石器时代，也就是在人类成功用硅石制造工具，并用火改变物质的状态之后，就开始了。无论怎样，某

---

① 参见本书末"附录·注解 M"中有关炼金术历史的重要文献。

些技艺，主要是农业和制陶，在新石器时代得到了充分的发展。同时，这些技艺也非常神秘。因为，一方面，这些技艺暗示着宇宙的神圣；另一方面，这些技艺通过入会（工艺秘密）得到传承。耕作或者烧制陶器，像之后的采矿和冶金，都把原始人放置于充满神圣的宇宙体系中。想要复原他们造物过程中的体验是徒劳的。因为实验科学剥去宇宙神圣外衣距今已经很长时间了。在改造物质的过程中，现代人无法体验到神圣，至多获得一种审美的体验。他能够认识到物质是"自然现象"。但是我们只能想象出这样一种圣餐仪式：它不再使圣餐元素局限于酒或面包，而是扩展至每种"物质"，目的是比较这种原始宗教体验与现代人所理解的"自然现象"的经验差别有多大。

原始人并非仍然"沉浸在自然中"，或无法把自己从自然中的无数"神秘"活动中解放出来，也不是不能进行现代意义上的逻辑思维或有效劳动。当代人对于"原始事物"的理解显然失之偏颇。但是很明显，一种在宇宙论象征控制下的思维习惯，所创造的世界与现代人体验到的差别很大。对象征思维来说，世界不仅仅是"活着的"，而且是"开放的"：一个客体从来都不仅仅只是它自己（如同现代意识），同时也是其他事物的标识或储藏库。举例来说，耕种的田地，不 ₁₄₄ 仅是一块地，也是大地母亲的身体；铲子是阳具，还是农业工具；耕种是一种"机械"劳动（通过人造工具来实施），同时，也是一种使大地母亲受孕的性结合。

尽管不可能重新体验这种经历，但至少我们可以想象，在那些曾体验过这种经历的人身上，它们所产生的效果。因为宇宙具有神圣性，人类的存在是神圣的，劳作就具有一种礼拜仪式的价值。尽管不明显，但这种观念仍存在于当代欧洲乡村居民中。值得强调的是，作为"能人"（*homo faber*）的原始人，通过制造和使用工具，使自己有了沉浸于神圣活动中的可能性。正是有了"工艺秘密"，这些原始的经验才得以保存，并代代相传。随着都市化文明（也就是完整意义上的"历史"①）而来的技术和文化创新，使得这种普遍经验发生了改变，通过

145　工艺仪式和入会仪式，与神圣宇宙相联系的原始体验定期获得新生命。在矿工、熔炼工和铁匠中，我们已经看到入会传授仪式的例子。在西方，一直到中世纪（在世界其他地方持续至今），他们始终保持对矿物和金属的原始态度。

从古代东方的冶金术和金匠工艺的著作中，可以找到大量的证据来证明，原始文化中的人能够获取物质的知识，并熟练控制物质。大量的技术方法流传至今，有些可以追溯到公元前 16 世纪（例如，《埃伯斯氏古抄本》）。这些技术方法涉及合金法、染色工艺和复制黄金（例如，可追溯到公元前 3 世纪的莱顿和斯德哥尔摩古抄本）。科学史家着重强调，这些秘方的作者用到了数量和数字，在他们看来，这足以证明这些工作具有科学性。可以肯定的是，古代东方的熔炼工、铁

---

① 从某个角度来讲，人类甚至是最原始的先民，一直是一种"历史的存在"。这是由其传统特有的意识形态、社会形态及经济形态所决定的。但是我不想谈及人的历史性，把他们看作受制于寿命和文化的人或者存在，我更想谈论的是最近的、更复杂的现象，即发生在全球一些限制区域，迫使全人类参与的事件。那就是发生在农业产生之后，尤其发生在古代近东最早的城市文明形成之后的事件。从那一刻起，所有的人类文化，无论多么陌生和遥远，都注定要受到发生在这一文化"中心"的历史事件的影响。有时，这些后果会在数千年之后变得明了，但是无论如何它们都是不可避免的。它们是历史不幸中的一部分。随着耕作的发明，人注定要变成农业的人或至少要受到随后的农业使之成为可能的所有发明和创新的影响，如动物的驯养、城市文明、军事组织、帝国、帝国主义及大规模战争等等。换句话说，所有人类都参与其部分成员的一些活动。结果，从那时开始，在近东最早的城市文明崛起之时，就可以解释历史这个术语的完整意义，即受某些社会（更确切的是，这些社会中的有特权的因素）创新意志影响的普遍变革。关于这一问题，参见《天堂与历史》（未刊稿）。

匠和金匠大师，可以精确地计算出计量，并控制熔炼和合金的物理化学过程。虽然如此，我们必须认识到，对他们来说，那不仅是一个冶金或者化学实验，从严格意义上讲，属于技术或科学的范畴。在非洲和亚洲，铁匠使用类似的、实际有效的方法。他们关心的不仅是操作的实用性，还有其仪式性质。因此，在希腊－埃及炼金术的早期，单单挑出"金属染色"配方是不明智的。即使是在古代晚期，也不仅仅只是一种技术的工艺。不论当时宇宙的非神圣化思潮多么盛行，这些行业仍旧保留着仪式特点，即使仪式情景没有被明确记载下来。[①] 146

事实是，从历史文献中，我们可以区分希腊－埃及炼金术开始的三个时间段：

（1）秘术时期。

（2）哲学时期：可能由孟地斯的波洛斯（前2世纪）开创，并在德谟克里特的《物质和神奇的东西》中体现出来。

（3）真正的炼金术著作时期：伪经时期、佐西莫斯（3—4世纪）和注经时期（4—7世纪）。[②]

尽管始终没有解决亚历山大时代的炼金术起源问题，但人们可以将基督纪元开始时突然产生的炼金术文献，解释为不同思潮相互碰撞的结果。一方面源于精英知识分子著作的秘传思潮，其代表是神秘主义、新毕达哥拉斯主义、新俄耳甫斯主义、占星术、"东方的启示智慧"。另一方面源于作为行业秘密和远古巫术的捍卫者的民间传统。在

---

① 通过著作来交流"行业秘密"是现代历史编纂学的一种错觉。如果确实存在"揭示秘密"的文献，那就是密宗文献。但是，在众多密宗文献中，我们从来没有找到任何关于灵性修持的必要说明：在关键时刻，为了证实实验的真实性，大师必定会亲授。

② 关于此课题的研究现状，参见 R. P. 弗斯图日勒《三倍伟大的赫尔墨斯启示》，第 1卷，第 217 页以下。

中国，类似的现象存在于道教和新道教萌芽时期，印度则在密宗和哈他瑜伽的初创时期。在地中海地区，直到亚历山大时代，这些流行的传统延续了这种原始精神行为。人们对"东方智慧"、传统科学和物质（如宝石和珍贵植物）科技知识产生了越来越浓的兴趣，成为这一古代时期的特点。在这方面，库蒙特和 R. P. 弗斯图日勒的研究尤为杰出。

什么历史原因促成了实用炼金术的诞生？也许，我们永远不会知道。但值得怀疑的是，这些伪造或者仿制黄金的秘方，是否是炼金术作为一门独立学科的开端。一方面，希腊的东方化时期从美索不达米亚和埃及继承了冶金术。众所周知，从公元 14 世纪起，美索不达米亚人已经完善了金的鉴定技术。试图将一门已经由西方主导了两千年的学科与仿造黄金的尝试联系起来，就等于忘记了古代人所掌握的非凡的冶金与合金技术。这也低估了他们的智力和精神力量。转化，这个亚历山大时期炼金术的主要目的，在当时的科学背景下，并非一种谬论，因为长久以来，物质的统一性都是希腊哲学的信条。但是很难相信，炼金术源于验证这个信条的试验，并用实验去证明物质的统一性。很难想象，一种精神技术和救世神学竟是出自哲学理论。

另一方面，当希腊人投身于科学时，他们的头脑显示出非凡的观察和推理意识。阅读希腊炼金术士的著述时，令我们吃惊的是，他们对物理化学现象毫无兴趣，换句话说，就是缺乏科学精神。正如舍伍德·泰勒指出的："比如，凡是使用过硫黄的人，都能说出伴随着它的熔化液体升温的奇妙现象。现今，尽管硫黄被提及了数百次，除作用于金属外，并没有提及它的任何特性。这就与古典时期的希腊科学精神形成了强烈的对比，以至于我们可以得出这样的结论：炼金术士对自然现象不感兴趣，除非那些现象可能会帮助他们达到目的。然而，如果我们仅仅把这些炼金术士看作淘金者，那么就大错特错了。因为炼金术士的作品，尤其是后期著作中半宗教、神秘的风格，将拜金精神病态化了。在炼金术中，我们找不到任何科学的端倪。炼金术士绝不会运用科学的程序。"① 有关古代炼金术士的著作，表明"这些人对仿造黄金并没兴趣，事实上，他们从不谈论实实在在的黄金。这些炼金术士像建筑师一样去查阅共济会的著作，想从中获取有用的信息"（舍伍德·泰勒，同上，第138页）。

因此，如果炼金术不是源于人们对仿造黄金的欲望（黄金鉴定至少存在了十二个世纪），亦非来源于希腊的科学技术（炼金术士对这样的物理化学现象没有兴趣），我们就不得不从其他地方，来寻找这门独特（*sui generis*）学科的起源。相比物质统一性的哲学理论，可能大地母亲——胚胎–矿物的孕育者的古老观念，更有力地促成了人工转化信念的具体化（即实验室中的实验）。可能正是第一批炼金的矿工、熔炼工和铁匠的象征物、神话以及技术之间的碰撞产生了炼金术。但除此之外，正是有生命物质的实验发现，如同工匠所感知的那样，起到了决定性的作用。的确，正是复杂的、戏剧性的物质生命观念，形成了不同于希腊古典科学的炼金术的独特性。人们有理由认为，希腊–东方的密教知识，使戏剧性的生命体验成为可能。

众所周知，参与神的受难、死亡和复活是密教入会仪式的基本要素，我们对这种参与方式一无所知，但可以推测，在入会仪式中，新教徒以体验的方式，感受上帝的受难、死亡和复活，这些曾作为神话

149

---

① 舍伍德·泰勒：《希腊炼金术考》，第110页；亦参见舍伍德·泰勒：《希腊炼金术起源》，第42页以下。

或者真实的历史为新教徒所熟知。密教的意义和最终目的是人的转化。通过经历仪式性的死亡和复活，教徒改变了其存在的方式（达到"长生不老"）。

现今，在早期希腊－埃及炼金术著作中，物质的"受难""死亡"和"复活"的戏剧性场景，得到了有力的印证。转化，这项伟大工程在哲人石中达到了顶峰。物质经历四个阶段才能实现转化。按照所用原料呈现的颜色，分别命名这四个阶段：黑色、白色、黄色和红色。黑色（即中世纪作家所说的黑化）象征着死亡，我们将再次回顾炼金术秘密。但值得强调的是，在伪德谟克利特《物质和神奇的东西》（佐西莫斯保留下的残篇）中，这项工程的四个阶段已经被提及，该著作也是最早的、真正意义上的炼金术著作（前2—前1世纪）。斗转星移，在整个阿拉伯西方炼金术的历史中，这项工程的四个（或五个）阶段（黑、白、黄、红，有时是草绿色，有时是孔雀绿）被保留下来。

此外，正是将上帝的神秘戏剧事件——上帝的受难、死亡和复活——投射到物质上，才能使物质得以转化。总之，炼金术士对待物质，犹如密教仪式上的信徒对待上帝一般。矿物"受难""死亡"或"再生"成另一种存在方式，即将它们转化。荣格注意到佐西莫斯的一篇文章（三卷本《论艺术》，第1卷，第2—3页），文中记载了这位著名炼金术士的一个梦境：一个叫艾恩的名士讲到，他自己被剑所伤，后被肢解、斩首，在火中燃烧直至烧焦，他所经受的一切都是"为了能够把他的肉身化为不灭的灵魂"。梦醒之后，佐西莫斯想知道，他所梦到的是否与炼金术中的注水环节有关，艾恩是否就是水的化身。正如荣格所示，这里所说的水是炼金术士的永恒之水（*aqua permanens*），火的"考验"就

150

120

等同于炼金术中的分离（*separatio*）。①

我们注意到，佐西莫斯的描述，与萨满教入会情景存在惊人的一致，让人回想起狄俄尼索斯的肢解，以及其他密教仪式中"垂死的神"（他们的受难，在某种层面上，与植物生命周期的不同阶段相似，尤其是和玉米精灵的受难、死亡和复活一致）。总之，佐西莫斯的描述，与所有原始入会仪式的基本形态，具有高度的相似性。众所周知，每一项入会仪式，都包括一套象征新教徒死亡和复活的仪式考验。在萨满教的入会仪式中，即使历经了"第二阶段"，这些考验依然残酷无比。准萨满在梦中经历了被肢解、杀头和死亡。② 如果考虑到入会模式的普遍性，以及金匠、铁匠和萨满之间的紧密联系，如果人们认识到，古老的地中海冶金工人和铁匠协会有自己的秘诀，最终，人们就会意识到，佐西莫斯的猜测在精神世界中占有一席之地。关于这个精神世界，我们已在上文尝试去解释和定义过。现在，我们知道了炼金术士的创新之处：他们将受难的仪式性功能投射到物质上。幸亏有了炼金术，其对应于新入会者的受难、死亡和复活，物质才得以转化，即获得了一种非凡的存在形式：变成黄金。我们不断重申，黄金是永生不朽的象征。在埃及，人们认为神的躯体由黄金构成。通过修炼，法老的身体变成了黄金。因此，炼金术转化等同于物质的净化，或基

---

① 荣格：《佐西莫斯的愿景》（见《意识的起源》，第137—216页），第153页以下。文章《愿景》，参见贝特洛《希腊炼金术全集》（选段），第107—112页、第115—118页。参见舍伍德·泰勒英译新版，《安比克斯》，第1卷，第88—92页。在炼金术著作中，分离被看作人身体的分解。参见荣格，同上引，第154页，注释127。有关物质元素的"考验"，参见同上，第211页。

② 参见伊利亚德：《萨满教》，第52页以下及各处。荣格已指出了萨满入会和炼金术象征之间的关系，参见《意识的起源》，第157页，注释38。

督教术语中的救赎。[①]

我们已经知道，矿石和金属被认为是有机体：人们用怀胎、出生，甚至婚姻这些词语来比喻它们（参见本书第 015—016 页以下）。炼金术士接受了这些原始观念，并赋予其新的意义。炼金术士经常以"联姻"来形容硫和汞的结合。但是，这种联姻也是两种宇宙学理论的某种神秘结合，其中包含了炼金术的新观念：物质的生命不再像原始人生命观中那样，被认为是"至关重要"的显圣物，它获得了精神的维度。换句话说，即通过展示受难和戏剧性事件的仪式性意义，物质同时也展示了精神的命运。"入会考验"，从精神层面来说，其最终目的是达到自由、启发和永生；从物质层方面来说，则是转化和获得哲人石。

《哲人集会》清楚地表达了金属"冶炼"的精神意义："因为当他的身体在下沉时，他感受到某种程度的疼痛感。因此，他将自己转化成一种不可磨灭的状态，这也是变化的本质。"[②] 鲁斯卡认为：对于希腊炼金术士，这种"冶炼"不等同于实验，仅是一种象征。只有阿拉伯作家用"冶炼"指涉化学实验。在《贾法尔·萨迪克圣约》中，我们看到，为了重生，他们死去的躯体必须经受火的考验和各种磨难。因为没有受难或死亡，人不能获得永生。[③] "冶炼"经常带来"死亡"——死亡、腐化、黑化。没有"死亡"，就没有希望"复活"到

---

① 荣格：《心理学和炼金术》，第416页以下，谈及炼金术救赎；他提到了宇宙灵魂被囚禁在物质之中（参见本书末《附录·注解 N》）。一部分炼金术士接受了这种关于宇宙起源和结构的神秘观念：这种观念符合整个末世论思潮，宇宙救赎的观念将这一思潮推向了顶峰。但是，在开始阶段，无论如何，炼金术并没有假设宇宙灵魂被囚禁在物质之中：或许令人迷惑的是将物质看作大地母亲。

② 尤利乌斯·鲁斯卡：《哲人集会》，《炼丹术史论文集》，第168页。

③ 尤利乌斯·鲁斯卡：《阿拉伯炼金术士》，第2卷，第77页。

超然存在的模式（即没有希望获得转化）。冶炼和死亡的炼金术象征意义有时是模棱两可的。炼金术活动可以作用于人或矿物。在《群众寓言书》中，我们读到："选一个人，剃须，然后将其拉至石头上，直到他的躯体死亡。"① 这种含糊的象征意义贯穿于整个炼金术过程之中。因而，辨明其意义显得十分重要。

---

①《点金术》（巴塞尔，1593 年），第 1 卷，第 139 页。转引自荣格：《心理学和炼金术》，第 445 页，注释 3。

第十四章 神秘的技艺

153 　　在炼金术实验层面上，"死亡"通常对应着各种原料所呈现出的黑色（黑化），也即将物质还原到原初物质（*materia prima*）、混沌（*massa confusa*）、[1] 液体和无形状态——在宇宙论层面上——相当于混沌状态。死亡意味着回归到无形、混沌状态。这就是为什么水的象征意义有着如此重要的作用。炼金术箴言之一："只有当所有物质都变成水时，才能进行炼金术实验。"[2] 在操作层面上，这相当于在王水（硝基盐酸）中融化纯金。《荷马的金链》（1723 年）——这部著作对年轻的歌德产生了巨大的影响——作者基什韦格指出："万物的本质源于水，出水而生，遇水而灭。"[3] 炼金术将物质还原为液态，就相当丁宇宙论中的原始混沌状态，宗教仪式中入会者的"死亡"。

　　通过将物质浸泡于汞中，炼金术士获得了溶液。用斯塔基（费拉勒德斯）的话来说，"转化的可能性基于所有金属都有还原的可能性，
154 这些矿物按照金属原则，可以被还原为其原初形态"[4]。葡萄牙国王阿方索，在其著述中指出："生命的消亡正是身体再次变为湿气……首先

---

① 参见荣格《心理学和炼金术》中的例子，第 442 页以下。

② 参见约翰·里德：《化学导论》，第 132 页。关于永恒之水，参见荣格引文，同上，第 320 页以下。

③ 转引自格雷：《炼金术士歌德》（剑桥，1952 年），第 14 页。

④ 斯塔基：《里普利文集》（伦敦，1678 年），第 3 页。转引自格雷，同上，第 16 页。

是身体退变为水，即汞，也即哲学家们所谓的溶解，汞是这项工程的基础。"① 根据某些炼金术著作的说法，生命的消亡是第一道程序；另外一些著作则认为煅烧是第一道程序，即通过燃烧将物质还原为混沌状态。然而，其最终结果是一样的，即"死亡"。

炼金术还原原初物质（*prima metera*）可以有很多种解释，尤其将其比作回归到物质的孕育状态，即回归母体（*regressus ad uterum*）。在一部药典中，卡博内利发现了类似的生殖象征观念。据这部药典记载，在炼金术中使用黄金之前，"必须将其还原到精液形态"。② 神奇容器（*vas mirabile*）是指"某种母体或子宫，哲人之子（*filius philosopho-rum*），即魔法石，从这里诞生"。女先知玛丽认为，炼金术的整个秘密都在其中。（荣格，《心理学和炼金术》，第 325 页）多恩指出："这个容器的作用类似于神圣萌芽容器中上帝的工作。"③ 帕拉塞尔苏斯认为："首先身体必须回归母体，并在那里死去，才可以进入天国。"同时他指出：为了获得永生，整个世界必须"回归母体"，即回归原初物质、混沌、深渊（*abyssus*）。④ 约翰·鲍德智认为，水浴锅（*Bain Marie*）是"母体和中心，即神圣酊剂的源头"。⑤ 在乔治·冯·威林的《论神智学》（1735 年）附诗中，有这么一句话："除非重生，否则我无法到达天堂。因此，我渴望着回归母体，那样就可以永生，我迫

155

---

① 参见约翰·里德，同上，第 137 页。

② 在作品中加入金子时必须减少精液用量；卡博内利引文，《论意大利化学和炼金术的历史渊源》（罗马，1925 年），第 7 页。

③ 多恩：《赫尔墨斯主义的自然史》（《化学剧场》，第 1 卷，乌尔赛里斯，1602 年，第 405—437 页），第 430 页。转引自荣格：《心理学和炼金术》，第 325 页，注释 1。

④ 转引自格雷，同上，第 31 页。

⑤ 参见约翰·鲍德智（1601—1681 年）致神秘学姐妹简·利伊德的关于炼金术的信件，转引自荣格《移情心理学》。

不及待。"① 回归母体有时会以母子乱伦的形式呈现。迈克尔·梅耶告诉我们："一位匿名哲学家戴尔菲纳斯在他的文章《秘籍》中提到，母亲和儿子结合，这是她的本性使然。"② 很显然，在这些不同的文献中，"母亲"象征着原初状态的自然界，即炼金术士的原初物质，而且"回归母亲"即把灵修体验转变成原初状态的重新整合，这种灵修体验相当于其他自然规律之外的"投射"。性结合也象征着回归原初状态，这种性结合通过融入子宫而完成。《哲学家的玫瑰园》中记载："别亚（Beya）骑在加布里古斯（Gabricus）身上，并把加布里古斯封入她的子宫，使其隐形。她深爱着他以至于他们完全融为一体……"③ 这样的象征自然导致了大量不同的解读。女先知玛丽的水浴锅不仅是神圣酊剂的"母体"（参见第 125—126 页），而且象征着耶稣出生的子宫。在水浴锅中，炼金原料一经熔化，物质便回归于原初状态的重新整合，这时上帝（Lord）于母体中的化身转世便也开始了。这种回归原初物质，是与耶稣的死亡和重生联系在一起的。④

---

① 转引自格雷，同上，第 32、268 页。在 1768 年，正是冯克莱滕贝格小姐督促年轻的歌德阅读《论神智学》。歌德发现这本书"晦涩难懂"；参见格雷，第 4 页。但他肯定是读了附录（参见同上，第 31 页）；"回归母亲"的炼金术象征意义在歌德后期的诗作中有所体现；参见格雷，第 202 页以下。亦参见亚历山大·冯·伯努斯的《炼金术和治疗术》，第 165 页以下。关于回归母体的歌德式象征，参见伊利亚德《重返神话》（布加勒斯特，1942 年），第 16 页以下。

② 梅耶：《十二国黄金桌的象征》（法兰克福，1617 年），第 344 页。转引自荣格：《心理学和炼金术》，第 453 页，注释 1。亦参见尤利乌斯·埃佛拉：《隐微论传统》，第 78 页以下。（《乱伦哲学家》）

③《哲学家的玫瑰园》（《点金术》，第 1 卷，第 204—384 页），第 246 页。转引自荣格，同上，第 459 页，注释 1。因为别亚是加布里古斯的妹妹，所以隐于子宫具有"哲学乱伦"的价值观象征；亦参见乔斯顿：《斯沃洛菲尔德的威廉·巴克豪斯》（《安比克斯》，第 4 卷，1949 年，第 1—33 页），第 13—14 页。

④ 格雷，同上，第 32—33 页。

从不同的角度，尤利乌斯·埃佛拉和荣格，深入探讨了黑化（ni-gredo）、腐化（putrefactio）和消亡（dissolutio）中的仪式性死亡的象征意义。①须要补充的是，不论什么情景下，分解和混沌的再整合是一个过程，这个过程至少代表了两个相互依存的意义：宇宙论和仪式性的意义。每次"死亡"同时也是宇宙黑夜和前宇宙论混沌的再次整合。在不同层面上，黑暗意味着有形事物的分解与回归到其初始状态。每次"创造"、每一有形物质的形成，或在其他情景下，任何进入超然层面的通道，都是通过宇宙论象征来表述的。正如我们一再重申的，出生、建构和精神创造，经常有着相同的原型，即宇宙进化论。这就 157 解释了在不同文化中，源远流长的创世神话，不仅会在新年伊始（世界象征性地被重新创造之时），也会在国王登基时、婚礼仪式中、战争中，还有救灾或治愈病人之时被不断传诵。这些仪式的深刻意义似乎很清楚：要做好事情，或治愈疾病，首先必须回归原初状态，然后是宇宙的再生。② 因此，仪式性死亡和神秘黑暗也具有宇宙论的意义：它们象征了"初始状态"的重新整合、物质的原初状态，以及宇宙创世的"再生"。现代学术词汇中，仪式性死亡摒弃了创世和历史，并把我们从失败和"罪恶"中解救出来，把我们从与人类相始终的灾难中解救出来。

如此看来，炼金术士不是创新者。在寻找原初物质的过程中，他们追求的是将物质还原到初始状态。他们知道，如果不将物质还原到初始状态，转化就不可能完成。在仪式情景中，就世俗的、堕落的存

---

① 尤利乌斯·埃佛拉：《隐微论传统》，第 116 页以下；荣格：《心理学和炼金术》，第 451 页以下；同上，《移情心理学》，第 256 页以下。

② 参见伊利亚德：《永恒回归的神话》，第 83 页以下及各处；亦参见伊利亚德：《宗教史论丛》，第 350 页以下。

在而言，"消解"意味着仪式性的死亡。将宇宙黑夜比作死亡（黑暗）和回归母体，这源于宗教史和炼金术著作。西方炼金术士将其象征意义融入基督教教义。物质的"死亡"因耶稣之死而神圣化。荣格有力地论述了基督和哲人石之间的类似性及其所暗含的理论创新。[①]

理解炼金术操作过程的意义是很有必要的。毫无疑问，亚历山大时代的炼金术士一开始就意识到，追求金属净化的过程，也即追求自身净化的过程。[②]《柏拉图的第四本书》（原作为阿拉伯语写成，不晚于10世纪）着重强调了炼金术和炼金术士内心体验之间的类似。"其相似性使事物得以完善，这就是为什么炼金术士必须参与炼金过程。"[③]同书提到，把头骨作为转化的容器，因为头盖骨是思想和智力的储存器（转引自荣格，同上，第365页，注释3）。炼金术士需要将自己转化为哲人石。多恩指出："将自己从无生命之石转化为有生命的哲人石。"（转引自荣格，第367页，注释1）莫利埃努对克林国王说：

---

① 尤其参见《心理学和炼金术》，第469页以下。阿尔伯特－玛丽·施密特恰当地说明了基督和哲人石的类似性："他们相信为了完成这项'伟业'（物质再生），他们必须寻求自我灵魂的重生。这一真知努力揭示物质再生的基督教因素。正如物质消亡、重生、净化于密封的容器里一般，他们希望灵魂死后能重生于天堂并过上幸福的生活。在所有的事物中，他们最为以基督为榜样而感到自豪，因为基督为了战胜死亡，不得不经历或者接受死亡。因此，对于他们，效仿基督，不仅是获取精神生活的途径，而且是控制物质过程的一种方式，因此炼金术士说'除非这粒谷物落在地里死去'这句《圣经》中著名的话既适用于物质也适用于灵魂。由于上帝的恩典，同样另一神秘生机论能够催生两者。"（《16世纪法国科学诗》，第319页）；亦参见尤利乌斯·埃佛拉：《隐微论传统》，第168页以下。

② 阿瑟·约翰·霍普金斯：《炼金术——希腊哲学的产物》，第214—215页。根据霍普金斯的说法，第一批亚历山大炼金术士相信他们通过赋予"身体"（金身）"可变精神"，可以把普通金属提升到与银和金子一样的地位。（同上，第69页）不论人们怎样认为这个假设，很明显这样的努力（赋予物质"可变精神"）预设了宗教物质观，因此，也预设了炼金术的救世神学意义。

③ 转引自荣格：《心理学和炼金术》，第363页。

"由于这种物质［即隐藏神圣秘密的物质］从你身上提取，那么你就是它的矿石（即原始物质）。他们［炼金术士］从你体内发现这种物质，更确切地说，炼金术士从你身上提炼它。"（转引自荣格，第426页，注释1）在讨论炼金术中的白化（在某些情况下，白化指炼金术转化的第一步：把铅或铜转化成银）时，吉希特尔写道："伴随着再生过程，我们不仅获得了全新的灵魂，而且获得了全新的躯体。这个躯体来自神圣的语言，或者说是从天神索菲亚那里得来的。……它比空气纯净，近似于穿透身体的阳光，其不同于旧躯体，犹如从黑暗中升起的太阳，光芒万丈。尽管它还停留在旧的躯壳中，但旧的躯体已不能拥有它，即便有时候能感知到它的存在。"[1] 简而言之，与印度和中国的同行一样，西方炼金术士在他们的实验室中，通过自身修炼，提升自己的心理、生理以及道德和精神体验。所有相关著作一致强调炼金术士的德行和品质的重要性。[2] 炼金术士必须健康、谦虚、耐心、纯洁，思想不受拘束，且与所从事的事情和谐一致；他必须聪明、善于钻研，必须工作、沉思、祈祷等。很明显，这不是简单的实验室试验。炼金术士必须全身心投入这项工作。但这些品质和德行，不能单纯地从道德层面来理解。在炼金术士内心，它们与耐心、才智和内心的宁静等具有相同的功能；在密宗修持中，或入教之前，亦是如此。 <u>160</u> 也就是说，美德和智慧与仪式体验紧密相连，而后者则可以愈合隐含于转化中的裂层。

---

① 吉希特尔：《神智实践》，第3卷，第13页、第15页。转引自埃佛拉：《隐微论传统》，第164页。关于"不朽和天国"之躯，参见里维埃拉：《英雄的神奇世界》（重版，巴里，1932年），第123页以下。

② 参见荣格，同上，第367页以下。中国和印度炼金术对此有类似的说明；参见，同上，第117页、第135页以下。

当然，对于这一至关重要的体验的实质，我们一无所知，对于炼金术士来说，实际上这种体验等同于获得哲人石或长生药。尽管对炼金术的初始和各个阶段做了冗长的介绍，可这些炼金术文献，却使这项伟大工程更加模糊、更加令人费解。但是，如果我们坚持认为，在矿物象征意义、冶金仪式、火的魔力之间存在某种依存关系，并坚信人工炼金可以替代自然规律的话，如果我们考虑到中国炼丹术和新道教技术之间、印度炼金术和密宗之间的紧密关联，简言之，如果亚历山大时期，炼金术士确实将密教中的仪式景象投射到矿物上的话——那么就有可能揭示炼金术经验的本质。印度炼金术给我们提供了一个参照：炼金术士作用于矿物质，是为了"净化"和"唤醒"自己，或者，换句话说，获取隐匿在他体内的那些神圣物质。通过"杀死"矿物，西方炼金术士让矿物回归原初状态，从而在物质的"悲惨处境"和他内心之间唤起某种共鸣。也就是说，随着炼金术过程的进行，炼金术士实现了某种仪式性体验。这种体验为其塑造了一个全新的人格，类似于经历入会仪式严酷考验之后所获得的人格。炼金术士参与炼金的过程如下所示：矿石的黑化阶段为炼金术士提供了类似于新教徒在入会仪式上的体验，在入会仪式中，新教徒感到被魔鬼"吞进"腹中，或者被埋葬，或者象征性地被仪式上使用的面具和仪式主持者所杀害。

只言片语很难说清炼金术的细节。在炼金术程序问题上，很多文献莫衷一是。但有趣的是，有时以圣婚（*hieros gamos*）来表达融合（*coniunctio*）和随后的死亡：两条规则——太阳和月亮，国王和王后，在汞浴中结合并死去（即黑化），他们的"灵魂"离开他们的躯体，并在稍后回归，生出雌雄同体（Rebis）的哲人之子，其确保了哲人石的获得。通过一系列版画，《哲学家的玫瑰园》暗示了这一炼金术规则。为了解释其中的意思，荣格在《移情心理学》中做了大量的注解。我们必须强调，由炼金术士赋予"黑暗""亡灵"和"地狱"的"可怕"与"阴险"体验的重要性。这些不仅经常出现在文献中，且存在于由炼金术所激发的肖像和艺术品中，这种体验通常被转化为阴沉的象征符号，或者忧郁、沉思的骷髅形象，等等。①

柯罗诺斯——萨图恩——象征着时间即伟大的破坏者、死亡（黑化）和出生。象征时间的萨图恩通常手持天平。众所周知，在赫尔墨斯主义和炼金术中，平衡的象征意义十分重要（里德，《化学导论》，插图，第34页）。杰出的贾比尔，也是《平衡论》的作者。② 难道我们 162 不应该，从这种"平衡的掌控"（使他们无所不知、洞察一切），对时间作用的熟知（毁灭一切形式的腐化、死亡），以及从生命的高度预知死亡体验的人才具有的"智慧"中——难道我们不应该从所有这些中，看到对著名的法师和炼金术士"萨图恩式忧郁"的解释吗？③ 无论如何，我们不应忘记，巴西尔·瓦伦丁以"矾"这个词所写的藏头诗，这首诗强调了降入冥府的必要性：进入地下，通过净化，你会发现隐藏的哲人石。

黑化之后即"白化"，可能对应着精神层面上的复活，凡夫俗子所不能达到的某种意识状态（就实验层面而言，这一现象被称为腐化

---

① 参见 G. F. 哈特劳伯：《神秘的艺术：16 世纪艺术中的炼金术象征》（艺术史杂志，第 6 卷，1937 年，第 289—342 页），第 316 页以下。

② 关于贾比尔论平衡的象征意义，参见亨利·科尔宾：《贾比尔·伊本·哈杨的荣耀之书》（《爱诺思年鉴》，第 18 卷，1950 年），第 75 页以下。

③ 很明显这是哈特劳伯所相信的，同上，第 352 页，杜勒《忧郁症》中附有炼金术象征符号的注释（弗里茨·萨克斯尔和潘诺维斯基曾仔细研究过）。

之后的"固化")。其后两个阶段，即黄化和赤化，是炼金术的完成阶段，其最高境界是获得哲人石，哲人石进一步发展和加强了这种新的入会意识。[①]

需要强调的是，炼金术过程两端的矛盾特征。其以原初物质开始，以取得哲人石终止。但原初物质和哲人石这两种物质很难界定，之所以出现这样的结果，并非由于作者描述简单，而是过于冗长啰唆。原初物质的近义词很多：马丁·罗兰《炼金词典》（法兰克福，1612年）中记载的词条就有五十多个，且远未穷尽。书中没有任何原初物质特征的准确定义。扎卡赖亚指出：我们既可以认为"物质"是无形的，也可以认为是有形的。称原初物质为"天上的"也许是名副其实，但称之为"地上的"同样准确。正如在此篇文章中，尤利乌斯·埃佛拉所指出的那样，我们讨论的不是一个哲学概念，而是一个象征符号——这句话暗示炼金术士揭示的只是自然的外在形式。（同上，第32页）这就导致了有大量的"原初物质"的同义词。一些炼金术士把它与硫、汞或铅相提并论；一些则将它等同于"不老泉"、天堂、母亲、月亮、龙、金星、混沌，甚至是哲人石或上帝。[②]

原初物质与哲人石一样随处可见。之所以这么说，是因为如果哲人石是炼金术的最后一道程序（《哲学家的玫瑰园》提醒我们，"这是一个漫长的过程"），那么便是极易获取的：确实处处可见。雷普利（约1415—1490年）指出："哲学家说，鸟和鱼把哲人石带给了我们，

---

① 从传统的观念解释"白化"和"赤化"，参见尤利乌斯·埃佛拉《隐微论传统》，第156页以下。心理学方面的解释，参见荣格《移情心理学》（美国版，第271页以下）；亦参见阿尔伯特－玛丽·施密特《16世纪法国科学诗》，第133页以下。

② 将原初物质等同于上帝，这一悖论源于亚里士多德哲学，参见荣格，同上，美国版，第314页，第23行。

人人皆有，无所不在，在你我体内，隐于万物，充斥时空。哲人石外形简陋，永恒之水从中溢出。"①

据 1526 年的《荣耀世界》中的一篇文献记载，哲人石"家喻户晓，众人皆知。大至国家，小至城镇、村庄都有哲人石，甚至可以在所有上帝创造的东西中发现它。然而那时人们却不重视它。人不分贵贱，都有哲人石。就连仆人也将它弃于路边。孩子们则拿着它玩耍。② 尽管它仅次于人类的灵魂，是世间最美丽、最珍贵的东西，且能颠覆王国，却没有人珍惜它。人们认为哲人石是所有事物中最为廉价、低劣的东西……"③ 若不考虑哲人石丰富的象征意义，也许可以说，哲人石的普遍性和广泛性，是炼金术文献最基本的主题。1652 年伦敦出版的一部小册子《哲人石名目》，记载了一百七十多个哲人石的名称，其中有圣母奶水、太阳神的影子、干水、月亮女神的唾液等等。在《神话与炼金术词典》（巴黎，1787 年）中，按不完整的字母表顺序，佩尔内提列出了六百多个名称。在其著作中，佐西莫斯说："这种哲人石不是石头，它是一种无价的珍贵物品，其寓有形于无形之中，不为人知，却又众所周知。"④ 但是，正如霍图拉努斯所言，"只有那些知道怎样制造哲人石的人，才能理解与其有关的词语的意义"。⑤《哲学

---

① 转引自荣格：《心理学和炼金术》，第 442 页。

② 赫尔墨斯主义的一个重要象征符号明显提到了孩子的游戏（比喻轻而易举之事）（参见哈特劳伯《神秘的艺术》第 296 页以下）。可能是对炼金术的自发性及其易操作性的暗示，意为炼金术如同孩子的游戏一般自然而然。炼金术的象征符号被喻为福音书中圣子的形象。

③ A．E．韦特：《炼金术博物馆：修复和扩建》（伦敦，1891 年），第 1 卷，第 180 页；里德：《化学导论》，第 130 页。

④ 转引自里德，同上，第 129 页。

⑤ 转引自荣格：《移情心理学》（美国版），第 288 页。

家的玫瑰园》提示我们：这些问题只可意会不可言传，正如诗歌中的寓言一样。① 据说，他们甚至"发誓不能在书中泄露这个秘密"。②

这里我们所谈论的是一种"秘语"，诸如萨满教、神秘团体以及传统宗教的神秘主义者所使用的语言。这种"秘语"可以直接表达日常语言无法表述的体验，也可以传达象征符号所隐含的意义。③ 同样我们必须指出，哲人石的普遍存在与难以获得的悖论，使我们注意到普遍存在于圣物之中的辩证法思维。由于能够显现神圣性，显圣物可以改变事物的本质：一些基本的或不起眼的东西，如一块石头、一棵树、一条小溪，一旦吸收神圣性元素，就会被那些参加这项宗教体验的人所崇拜。借助哲人石，炼金术出现在另一精神层面上：这类似于宗教徒借助圣物启示，协助万物转化的体验。显圣物的这种悖论在于其既显示神圣性，又使这种精神先验具体化，即显圣物引起了事物在同一意义层面上的断裂。同样的悖论也存在于哲人石中：虽然孩子们将它当作玩物，仆人甚至把它扔在大街上，但大家都不认识它，它既无处不在，又不为人所识。

炼金术体验和巫术－宗教体验包含共同或类似的因素。西方炼金术士使用宗教术语并不一定能逃避宗教的责难，因为炼金术与密教生活有深厚的渊源。乔治·冯·威林指出："我们的目的并非教人如何制造黄金，而是传授更重要的东西，即如何看待大自然，理解万物源于

---

① 荣格，同上，第 286 页，注释 15。

② 扎蒂斯，转引自荣格，同上，第 215 页，注释 7。阿格里帕·冯·内特斯海姆也谈到了"缄默誓言"，同上，第 215 页，注释 7。公元前 18 世纪，在美索不达米亚地区的科技配方中已经开始使用密语，参见 R. J. 福布斯：《古代科技研究》（莱顿，1955 年），第 1 卷，第 125 页。关于"行业秘密"，参见同上，第 127 页。

③ 参见伊利亚德：《萨满教》，第 99 页以下。《瑜伽》，第 251 页以下、第 394 页以下，以及《迷药技术与秘语》。亦参见勒内·艾罗：《传统炼金术面面观》，第 91 页以下。

上帝，以及如何辨识寓于物质中的神灵。"^① 帕拉塞尔苏斯的门徒，奥 斯瓦德·克罗尔宣称：炼金术士是"圣徒，由于具有神性，在有生之年即可修成正果，预享天国之乐"。^②大多数炼金术士认为，获得哲人石即获取了上帝的完美智慧。此外，这就是哲人石能够使矛盾得以调和的原因。据巴西尔·瓦伦丁所言，"邪恶必须变得和善良一样"。斯塔基把哲人石描述为"调和矛盾，化敌为友"。（转引自格雷，同上，第 34 页）这里我们所面对的这个非常古老的对立统一（*coincidentia oppositorum*）的象征，普遍存在于文化的原始阶段，且对立统一观念多少定义了基本现实（the *Urgrund*）和世界统一于矛盾，即物质得到了净化所以具有神圣性。

　　然而，哲人石的首要功能是把金属转化成黄金。用维拉诺瓦大学阿诺德的话来说，即"自然界中存有某种纯净的东西，人们可以通过提炼的技艺得到它，这一物质可以将所有接触到的不纯净的东西纯净化"。（转引自里德，同上，第 119 页）原始人认为，哲人石或长生药完善了大自然，时至今日，这种观点依然盛行。来自科洛尼亚的西蒙尼在《炼金术之镜》中写道："这种方法教人们制造一种叫作长生药的药物，将其洒于含杂质的金属上，便可以将金属净化。正因如此，人们才炼制了长生药。"^③ 卡博内利研究了一部炼金术古抄本后写道："如果能很好地被大自然送进地球的内部，且不与肮脏的东西混杂，它就能够变成神圣的太阳和月亮。"（同上，第 7 页）在《实践》一书

---

　　①《论神智学》前言，转引自格雷：《炼金术士歌德》，第 19 页。

　　② 奥斯瓦德·克罗尔：《哲学的革新与发展》（伦敦，1657 年），第 214 页。转引自格雷，同上，第 21 页。

　　③ 波哥尼亚大学图书馆的手稿，转引自卡博内利：《关于意大利化学和炼金术的历史渊源》，第 7 页。

中，卢利指出，哲人石加快了所有生物的生命周期："春天，哲人石释放热量，使万物复苏。如果你在水里溶解一粒盐，并从中取出一小杯浇灌葡萄树，那么葡萄就会在 5 月里成熟。"①

阿拉伯炼金术士，最早赋予了哲人石治疗疾病的特性，正是通过阿拉伯炼金术，长生药（*Elixir Vitae*）的概念才进入了西方世界。② 在《伟大著作》中，罗吉尔·培根没有使用长生药这种表述，他说："这种药可以净化金属、清洁人体、防止身体腐烂，甚至可以延年益寿。"用阿诺德的话来说："哲人石包治百病。一月之病一日治愈，一年之病十二日内治愈，一月内治愈顽疾，可使人返老还童。"③ 由阿拉伯作家介绍到西方的炼金术概念，即长生药，代替了西方世界原有的神奇药草，或永生酒的神话——毋庸置疑，这类神话年代久远，即使早期的欧洲人也耳熟能详。因此，在欧洲仅在等同于哲人石的意义上，长生药算是一种新奇的东西。

168　　此外，正如所料，哲人石的形象最终与巫术信仰相结合。人们认为拥有哲人石的人是坚不可摧的。《圣三一之书》告诉我们："手握哲人石即可隐身。如果将缝有哲人石的亚麻布紧贴身体使其变热，人便可以自由翱翔于天际。如果想从空中降落，只需稍微松动裹在身上的亚麻布即可。"④

据了解，瑜伽修行者和印度炼金术士的著名神功包括隐形、升空、

① 甘岑穆勒重写章节，参见《中世纪炼金术》，第 159 页。
② 有关西方炼金术中用金子炼制不老药的传说，参见鲁斯卡《明矾与盐》德语译本，第 64 页以下。《明矾与盐》是一部拉齐创作于公元 12 世纪的阿拉伯经典。
③ 文本转引自甘岑穆勒，同上，第 158 页。
④ 转引自甘岑穆勒，同上，第 159 页。关于此文，参见丹尼斯·杜维恩：《圣三一之书》（《安比克斯》，1948 年，第 26—32 页）。

神秘飞行。（参见上文，第099页以下）同萨满教一样，瑜伽术把这些神功归入"神奇力量"和"御火术"。[①] 而这并非暗示了欧洲巫师和炼金术士的力量来源于东方。那些欧洲人所耳熟能详的托钵僧传奇很可能源于当地的传说。[②] 在这种情况下，如同长生药之说，炼金术只是取代了根源于史前的古老信仰而已。

[①] 参见伊利亚德：《瑜伽》，第276页以下、第324页以下，以及《萨满教》，第365页以下。

[②] 参见《萨满教》，第380页。

第十五章　炼金术与时间

169　　当然，仅寥寥数章，我们不敢轻言穷尽了炼金术的所有要素，这一主题的范围如此之广，而我们却知之甚少。我们的目的，并非要总结亚洲与西方的冶金术和炼金术的历史，只不过是想研究一下这些原始技艺的符号和神话的发展过程，并对其分支追根溯源。正是由于这些原始技艺，人类对物质转化承担起越来越多的责任。如果我们的分析和解释有理有据的话，那么是炼金术延长并完成了"能人"的古老梦想：净化物质与净化精神之间的协作。前文已经描述了这种协作的一些重要阶段，在此不再赘述。所有这些试验性的探索都体现出一个共同点：人类在承担起改变自然的责任时，自身替代了时间；在地球深处，这个需要成千上万年才能"成熟"的过程，冶金家和炼金术士声称，只需几周时间便可完成。熔炉取代了大地母亲，正是在熔炉里，矿石胚胎完成了生长。炼金术士的神奇容器（*vas mirabile*）、熔炉、蒸馏器均发挥着极其重要的作用。这些装置对于重返原始混沌以及重演

170　宇宙进化起到了关键作用。所有物质在这些装置中消亡和获得重生，并最终转化为金子。上文，我们已经充分阐明，从外部世界来看，炼金术操作的精神层面，就是改善物质的一种努力。从这方面来讲，炼金术操作是史前时期"炼金术士"梦想的延续，他们与火打交道是为了改变自然，创造新的形态。总之，就是与"造物者"进行"合作"，

138

来完善"造物者"所创造的物品。在非洲传说中，能够教化人类的铁匠英雄，在冶金过程中保有宗教传统：正如我们所见，神圣的铁匠完成创造、组织世界的工作，给文明奠定了基础，并引导人们接近神秘知识。

正是通过火，"自然被改变了"。人们对火的掌握宣告了火在冶金文化发展中的重要作用，同时也说明了它在心理、生理技艺中的重要作用。这些心理、生理技艺，是最古老的巫术和众所周知的萨满传统的基础。在这些最原始的文化中，火被看作一种变形剂：萨满教徒的不燃性表明，他们已经超越凡人，得到了"灵"力（因此，在表现"火技"的仪式中，火被用来证实和确立萨满巫师的威望）。作为一种转化工具，火也出现在一些入会仪式当中，这在希腊神话传说中有迹可循。也许，焚化仪式本身就象征着通过火来实现转化的希望。在所有巫术宗教的情景中，"掌控火"暗示了我们对接近"灵性"的兴趣；萨满巫师和后来的瑜伽信徒或神秘主义者，是灵魂、心灵和内在生命的专家。某种极其复杂的象征体系，将恐怖的火神显现、神秘的爱的温柔火苗、清晰的神显、无数灵魂的"燃烧"和"激情"联系在一 171起。在很多层面上，火、火焰、夺目的光芒和内部热量，都表达了灵魂的经历、神圣的化身以及向神的靠近。

因此，就像炼金术士一样，冶炼工和铁匠，也是"御火大师"。通过辅助自然工作，他们加速了物质转化的速度，并且最终代替了时间本身。当然，并不是所有的炼金术士都意识到他们的"工作"替代了时间。但这并不重要：重要的是，他们的工作，即对物质的转化，以各种方式缩短了大自然的时间。本·杰森《炼金术士》中的人物说：

苏博特：同样，只要有充足的时间，铅和其他金属也会变成金子。

麦蒙：而且我们的技艺更为精湛。（参见第028—029页）

但炼金术士坚信，他们视为完善"大自然"的工作是与神灵一起进行的，即便神灵不鼓励，那也是默许的。虽然与古老的冶金工匠和铁匠相隔年代久远，但炼金术士对大自然持有与他们同样的态度。原始矿工和西方炼金术士都认为自然就是显圣物。自然不仅是"活生生的"，而且是"神圣的"，至少，自然属于神圣的范畴。此外，正是由于自然的这种神圣性——显现于物质的微妙方面——炼金术士认为自己能够获得转化的药剂（即哲人石）和长生药。我们将不再探讨伟大炼金术仪式结构这个话题。一言以蔽之，在把自然从时间法则中解放出来的同时，炼金术士自己也得到了救赎。晚近时期，在西方炼金术界，正如荣格所指出的那样，基督通过对人类的救赎而完成了对自然的救赎。

西方炼金术士，完成了由能人开始的古老进程的最后一个步骤，从各种角度，能人将自然视为神圣的或能揭示神圣的存在，从开始转化自然的那一刻起，能人的这个古老梦想便开始了。炼金术转化观念充分表达了一种信念，即人力（人力总有一些宗教仪式的重要意义）可以改变自然。当炼金术从历史中消失，当所有基于经验的化学知识形成了化学学科的时候，炼金术观念才凸显了出来。化学这门新学科却只吸纳了那些基于经验的发现，而这些基于经验的发现并不能代表炼金术的真正内涵，尽管人们认为这些发现很多而且很重要。我们应该相信，实验科学的胜利并没有使炼金术士的梦想破灭。相反，尽管新世纪的意识形态是彻底世俗化的，却接受了炼金术士的千年梦想，并延续了这个梦想。神话伴随着新世纪意识形态的形成而不断发展，并在实证科学和工业发展中得到了强化。实证科学和工业发展主导和鼓舞着整个 19 世纪。正是在 19 世纪的这种具体信条中，我们必须寻找到炼金术士梦想的真正延续。根据这一信条，人类工作的真正目的是，转变和完善大自然，并最终成为大自然的主人。完善大自然的梦幻神话，或更准确地说，救赎大自然的神话，在工业社会可悲的进程中，以伪装的形式幸存了下来。工业社会的目的是将自然完全转化为"能量"。正是在 19 世纪，这个由物理化学主导、工业化狂飙突进的世纪里，人类成功地战胜了时间。以更快的速度和更有效的手段，人类着手开发矿、煤、石油资源，他们实现了加速自然运行的愿望。有机化学，颠覆了矿物的神秘性，开启了通向大量"合成物"的道路。人们一定会注意到，这些人造物质，首次表现出了压缩时间与在工厂和实验室制造物质的可能性。这些物质由自然界产出可能需要花费上万年。我们完全知道，在某种程度上，"人造生命"是现代科学的至高梦想，即便是以最不起眼的原生质细胞的形式。它贯穿于 19 世纪下半叶和 20 世纪初，这也是炼金术士的梦想——创造人造生命的梦想。

因此，我们可以这样说，在文化史层面上，在征服时间的欲望的激励下，炼金术士预示了，什么才是现代世界意识形态的本质。事实上，化学只继承了炼金术中无关紧要的一部分。大多数炼金术传统存在于其他地方：在巴尔扎克和维克多·雨果的文学意识形态中，在自然主义的作品中，在政治经济学体系之中，不论这一体系是资本主义、自由主义抑或马克思主义，或者存在于唯物主义、实证主义和文明不断发展的世俗神学里。简而言之，凡是信仰能人具有无限潜力，或者劳动、技术以及对自然的科学开发具有末世论意义的地方，就存在这种精神。人类反思得越多，越是发现这种狂热是基于一个必然结果：通过物理化学来征服大自然，人类要么成为时间的奴隶，要么成为大自然的对立面。此后，科学和劳动将完成时间的工作。当人类认为智慧和工作的能力才是他们的本质时，现代人担负起时间的职责。换句话说，现代人扮演了时间的角色。

我们的目的不是详细阐释这些现象，这些现象涉及 19 世纪和 20 世纪能人的思想意识和生存状态。我们的目的只是想让人们明白，我们必须在实验科学和高度工业化的信念中寻找炼金术士的梦想。比起基础化学，炼金术给予这个世界的更多。炼金术使我们相信人类可以转化自然和控制时间。事实上，现代人以一种完全不同于炼金术士的方式，诠释和继承了炼金术的传统。炼金术士仍然在继续原始人类的活动。对于原始人类来说，自然是神显的源泉，是仪式的必需品。但现代科学的诞生脱去了自然神圣的外衣。科学现象的揭示是以显圣物的消失为代价的。工业社会与工艺仪式活动毫无关系。即使对于缺乏工业仪式或"传统"的工厂来说，这些仪式活动也是毫无用处的。

值得注意的另一个事实是，虽然炼金术士替代了时间，但他们谨小慎微，不去承担时间的职能。他们的梦想是加速物质的成长速度，用比自然更快的速度制造金子；同时，他们像伟大的"哲学家"或神秘主义者一样敬畏时间。他们否认生命的有限，期待享受天堂的至福，渴望长生不老。在这个方面，炼金术士也和前现代人一样。他们千方百计不让自己意识到时间的消失，要么重演宇宙进化来定期重启时间，要么用宗教仪式来使时间神圣化，甚至忘记时间的存在，也就是说，不承认世俗世界的死亡和复活。首先，我们应当谨记，当炼金术士使用各种器具，象征性地重现原始混沌和宇宙起源（参见第 126—127

页），或者经历仪式性的"死亡与复活"时，他们成了时间的主人。每一种仪式都是对死亡的战胜（即有限的生命）；仪式的表演者声称自己是"永生的"；他自己伪造了死后的存在，并认为这一存在是永恒不灭的。

但是，一旦炼金术士的个人梦想被整个社会所实现，且是在所有方面得以实现（在自然科学和工业领域），抵御时间则变为不可能。现代人身上那可悲的自命不凡，与他们是承担自然法则工作的第一人这一事实有关。我们知道现代人的辉煌成就是如何在不同的层面实现了炼金术士的梦想。但是，现代人最终承担起时间的工作，不仅出于和自然的关系，而且涉及自身的利益。在哲学层面上，他们将自己视为最本质的存在，有时甚至是唯一的存在，一个超越了时间的现实存在。以 19 世纪科学和工业所要求的方式，在宣称自己的伟大并完全接受自身角色的范围内，现代世界与时间达成一致。其方式如同 19 世纪的科学和工业迫使其成为的那样。因为他们宣称，人类会比自然界 176 更快、更好地得到所要的东西，只要人类能够凭借智慧成功破解自然的奥秘，并通过操控达到改善多种时间的长度（即地质、植物和动物生长的周期节律），而这些都是自然界要达到丰产所必需的。这种诱惑实在难以抗拒。几千年来，人类一直梦想着改善自然。不可思议的是，人类竟然在自己发现的巨大前景面前踌躇不前。但是，人类要为此付出代价。如果不付出代价，人类就无法替代时间。这种代价就是在不情愿的情况下，仍要继续担负起自然的工作。

时间的工作只能由脑力劳动和体力劳动（尤其是体力劳动）来取代。当然，从远古时代起，人类已经注定要劳作。但是，这种劳作是不同的，它是最基本的劳作。为了完成 19 世纪的梦想和野心，劳作必须被世俗化。历史上，在没有宗教仪式的社会中，人类首次承担起非常艰辛的工作，这份工作要求人类比自然界做得更好更快。而在另一个社会里，宗教仪式使得他们的工作变得不那么辛苦。在世俗化的工作中，人们感受到时间的无法改变，以及由此而来的压力与时间节律的缓慢——工作被完全世俗化了：它是以计时和消耗能量为基础的纯粹的工作。总之，我们可以说，在字面意思上，现代人扮演了时间的角色，结果使自己筋疲力尽，最终成了独一无二的世俗的存在物。由于时间的不可逆转与毫无意义已成为现代人的元教旨（更确切地说，

是对于那些没有犹太－基督教信仰的人来说），在哲学层面上，这种人类生活的世俗性，被转化为人类存在的虚荣性的悲剧意识。值得庆幸的是，除了在哲学方面，激情、想象、神话、游戏、干扰、梦想——这里不必提及宗教，因为它已经不属于现代人类的精神领域了——这些都在其他方面阻止人类认识到这一悲剧事实。

这些思考既不是对当代社会的批判，也不是对另外一些原始的、异域社会的赞赏。如同一个人可以抨击现代社会的诸多方面，同样，他也可以抨击其他社会类型的诸多方面。但这不是我们所关心的。我们只想简单地说明，植根于史前的炼金术观念，在19世纪仍继续着，并产生了什么样的结果。至于现代世界的危机，我们应该谨记这个世界已经开创了一种全新的文明，我们不可能预见它的发展。但是，在人类历史上，可以与之相比的是农业的发明及其引起的天翻地覆的变化，还有精神世界的消亡，其影响力是现代人所难以想象的。古代世界，即游牧社会，带着它的宗教、神话、道德观念已消失殆尽。千万年后，我们为旧世界的消逝而感到痛惜，但它也是注定要被农业的出现而吞没的。同时，人类决定停止游牧生活，转向农耕文明，这引起

了人类巨大的精神危机。因此，人们肯定认为，这种精神危机可能需要上百年的时间才能消除。我们很难想象，从游牧生活转向定居生活所引起的价值观的混乱，也不可能去评估这对心理和精神所造成的影响。现代的一些科技发明，即对时空的征服，代表了一场革命。它类 <u>178</u> 似于农业发明，但其影响还未涉及我们的日常生活。劳作的世俗化就像现代社会肌体上的一块伤疤。然而，没有任何迹象表明，重新神圣化的时代不会到来。由于人的生命短暂，因此问题变得更为严峻，但是，假如有一个更为准确的时间观，就有可能解决时间性的难题。在此，我们不讨论这些问题。我们只想说明，现代世界的精神危机包含在冶金家、铁匠、炼金术士的造物梦中，其有着遥远的渊源。有历史意识的西方人，理应与其祖先有同样的观念和行为——虽然继承了所有这些神话和梦想的现代人成功地把它们变为现实，但却摒弃了这些神话和梦想原初的意义。

附　言

米尔恰·伊利亚德

作为"宗教"现象的冶金术和炼金术

没有作者能每隔十年或二十年就重写他的作品，但有必要告知读者，现在该领域的研究现状。在准备《萨满教》① 第二版的时候，我试着写了一篇评论性兼解题性的修订文章。考虑到早期和传统的炼金活动具有宗教意义和冶金术的原始意义，在后面的注释中，我会做一些类似的修订说明。自 1935 年以来，我不止一次谈及这些问题，② 但我将主要提及《熔炉与坩埚》③ 这本书。

从宗教史学家的视角着眼，我不会再对历史学家描述的冶金技术和远古化学的大量资料抓住不放，而只会介绍 ·些和《熔炉与坩埚：炼金术的起源和结构》有关的资料。事实上，我对采矿、冶金和炼金早期历史的研究，只是另一个大课题的一小部分，而这一课题与科技、

---

① 伊利亚德：《关于萨满教最新著作的评论》，《宗教史》，第 1 卷，第 1 期（1961 年夏），第 152—186 页。

② 参见拙著《亚洲炼金术》，第 1 卷（布加勒斯特，1935 年）；《巴比伦炼金术与宇宙观》（布加勒斯特，1937 年）；《冶金术、魔法和炼丹术》，《札尔莫克西斯》，第 1 卷（1938 年），第 85—129 页。

③ 伊利亚德：《铁匠和炼金术》（后面统一用 *F. & A.* 代替）（巴黎，1956 年）。《熔炉与坩埚：炼金术的起源和结构》（后面统一用 *F. & C.* 代替），由史蒂芬·科瑞翻译（纽约和伦敦，1962 年）。

自然科学的史学家的研究毫无关系，虽然我的部分研究是基于他们的研究成果的。简而言之，我想要研究"能人"这一神话，为的是理解在科学思想产生之前，人类征服物质世界的意义和作用。在早期的一篇论文《古印度植物知识》①里，我曾尝试阐明，中古印度人对植物的观察分类的结构和目的。换言之，我尽力阐述印度思想的这一历史阶段，在这一阶段，他们不再把植物界视为"巫术和神话式的"，但是还没有达到像后林奈时代那样，把植物分类法变为"科学"研究的对象。在"国际史学家大会"（布达佩斯，1932 年）的科技史分论坛中，我宣读了一篇论文。受马松·乌尔色的影响，在文中讨论了"印度物理的特点"，即数论派与胜论派尝试创建的一门物理学，这门物理学基于系统研究质的定义和分类而忽略了量。②

但我研究的重点仍是冶金术和炼金术背景下的巫术－宗教。（参见 181 *F. & C.*，第 13—14 页和 *F. & A.*，第 14 页中，对之前著作所做的总结）我并不否认那些由金属的发现和采矿、冶金技术的进步所带来的成果。这些成果是具体而客观的，是令人钦佩的，完全归功于科学史家的努力——而我所要强调的是这一行业的某些方面，它们经常被忽略或轻视。我试图理解整个人类文化历史，当然不仅仅是科学的进步，还想尝试研究想象世界（*univers imaginaire*），而这一想象世界是随着金属的发现而产生的。由于历史忽略了想象世界——事实上，这一世

① 《科学学会通讯》，第 5 卷（克卢日，1931 年），第 221—237 页。

② 与此分析相关的是，我曾就抒情诗与史诗的迷狂"起源"问题［《狂喜和秘密语言技巧》，会议记录，意大利中东和远东研究所，第 2 卷（罗马，1953 年）；《神谕文学》，文学史，昴星团的百科全书，第 1 卷（巴黎，1956 年），第 3—26 页］和建筑与城市规划的宗教起源问题［《世界中心、庙宇、房屋》，见《宗教建筑的宇宙符号》（罗马，1957 年），第 57—82 页］所写的一系列专著，书中我探讨了艺术的"史前史"，而非技术与自然科学的史前史。

界是意义世界——所以它不仅是不完整的，而且是主观的，因此也是不科学的，因为用纯实验或理性方法来研究矿石、金属和冶金术代表的是西方文明发展的最新阶段。事实上，金属的发现和冶金术的进步，彻底改变了人类在宇宙中的存在模式。操控金属，不仅使人类征服了物质世界，也改变了人类的世界观。金属为人类开启了一个新的神话宗教世界。

　　一个相似的甚至更为根本的改变，是通过农业的发明来实现的。之所以列举这一例子，是因为它能更好地阐明我的意思，即一项重要的科技发明为人类开启了一个新的精神世界。而一味地强调农业发明的变革性，以及它所带来的经济、科技和社会成果却是毫无用处的。因为它们再明显不过了，而且在所有的书籍包括教科书中，都已经说得够多了。但是，农业的发明所引起的"精神"变化同样重要。[①] 通过农业劳作，人类形成了新的世界观。许多类比和同源词表明了自身的"自然属性"：比如女人、田地、性生活、人类繁殖、农业、月相、死亡和重生两两间的关系。早期的农民使用植物象征和植物术语来表达个体的存在，今天，在语言、寓言和符号中，仍保留了这种古老遗产的一部分。

　　宗教史学家，对所有由经验性的发现所引起的精神价值和想象世界都感兴趣，因为它们在人类思想史中十分重要。农业文明和炼金技术，不仅使新石器时代的人成为史上"发明锁链"的第一人，且通过农业和冶金术的发明，也使宗教和神话创造成为可能。伴随这些科技发明而产生的象征、神话和仪式，在塑造后石器时代的人类中发挥的

---

① 参见伊利亚德：《比较宗教的范型》（纽约，1958 年），第 331 页以下。

作用，与科学发明所起的作用同样重要。

由于这些原因，炼金术不能降格为化学的雏形。事实上，当它成为基础化学时，炼金术的意义世界便濒临消失了。无论炼金术出现在哪里，它总是与"神秘"传统紧密相连：在中国与道教文化联系在一起；在印度，与瑜伽、密教联系在一起；在希腊化的埃及，与灵知联系在一起；在伊斯兰国家，与神秘学派联系在一起；在中世纪的欧洲和文艺复兴时期，则与赫尔墨斯主义、基督教、宗教神秘主义和犹太神秘哲学联系在一起。因此，要理解炼金术的意义和功能，在评判炼金术文献时，我们不能以文献中可能包含着有关化学的真知灼见作为标准。这样的评判犹如以科学数据或史实的准确性来评价和分类诗歌创作。

炼金术士确实对自然科学的进步做出了不少贡献，但其贡献都是间接完成的，仅是他们关注矿物质和活物质的一种附属品而已。因为他们是"实践派"，不是抽象的思想家或满腹经纶的学者。他们的爱好是"实验"，然而并不仅限于自然领域。正如我在《熔炉与坩埚：炼金术的起源和结构》这本书里尽力说明的，对矿物和植物的实验是在追求一个宏伟的目标：改变炼金术士自身的存在模式。

上述这些介绍性的评述，并不是这本书的简要总结，或对其方法论的一种辩护。[①] 我只是想再强调一下，宗教史学家对诸如此类研究的兴趣，更不用说下一代文化历史学家了。附言部分会提到这些将会被史学研究进程同化的无畏学者。

---

① 在最具深刻性和最能引起共鸣的评论性文章中，我倾向于引用 S. H. 纳斯尔（《爱西斯》，第 44 卷，1958 年，第 450—453 页）和 W. E. 佩克特（《民间艺术杂志》，第 57 卷，第 1 期，1961 年，第 146—148 页）的两篇文章。

炼金术及其"起源"问题

184　　最近一部关于炼金术与早期化学的书（*F. & C.*，第 195 页以后；*F. & A.*，第 198 页以后）是阿伦·乔治·德布斯的《早期化学史的意义》[《世界史杂志》，第 9 卷，第 1 期（1965 年），第 39—58 页]。J. R. 柏廷顿的不朽著作《化学史》也值得一提，共四卷（伦敦，1961 年），其中列出了很多参考书目。还有亨利·M. 莱斯特的《化学的历史背景》（纽约，1956 年）、约翰·里德的《从炼金术到化学》（伦敦，1957 年）、E. J. 霍姆亚德的《炼金术》（企鹅丛书，1957 年），以及罗伯特·P. 马尔特霍夫的《化学起源》（伦敦，1966 年）。

　　关于炼金术的起源及意义的近期著作回顾，参见沃尔夫冈·施耐德的《炼金术的问题与新解》[《化学家报/化学仪器》，第 85 卷，第 17 期（1961 年），第 643—651 页]和《冶金术、炼金术和药物学的历史关系》[《钢铁工业档案》，第 27 卷，第 7 期（1966 年 7 月），第 533—538 页]。施耐德博士也出版了《炼丹术及制药学象征符号大全》（韦因海姆，1962 年），在这本书和其他书里面，他同意《熔炉与坩埚：炼金术的起源和结构》这本书的研究方法与结论，他是接受这一观点的化学史学家之一。莫里斯·P. 克罗斯兰《关于化学语言的历史研究》（剑桥，马萨诸塞州，1962 年）对于理解化学术语很重要。W. 甘岑穆勒的贡献可以在他结集出版的《工艺与炼丹术史论文集》（韦因海姆，1956 年）一书中发现。

铁匠及其超自然模式

185　　关于铁匠的民间传说（*F. & C.*，第 87 页以后；*F. & A.*，第 89 页以后），参见弗雷德里克·W. 罗宾的《铁匠：古代工艺的传统和知识》（伦敦，1953年）。铁匠的巫术甚至在圣帕特里克节赞美诗里也得到了印证："今天，我召唤所有……（上帝的）美德到我（和罪恶）中间来，对抗妇女、铁匠和巫师的咒语。"［《圣·帕特里克的三位一体生命》，转引自 E. E. 辛格《凯尔特传奇中的魔法武器》，《民俗学》，第 56 期（1945 年），第 295—307 页，尤其是第 299 页］。"铁匠的进化"这一话题在 R. J. 福布斯的《古代冶金术》（莱顿，1950年）第 62—104 页中有详细的介绍。卡尔·耶特马尔的文章《东方土著兴都库什锻工风俗》［《维也纳人类学学会通讯》，第 87 卷（1957年），第 22—31 页］中介绍了与此相关的新的研究成果。还有 R. 格里斯《铁匠的职业》［《巴厘岛：生活、思想、仪式研究》（海牙，1960 年），第 289—300 页］和 D. 维尔坎普《欧洲和南亚锻造工传统》［《人种学杂志》，第 80 卷（1955 年）］这两篇文章。

近年来，对非洲铁匠神话和仪式的认识已取得了重大进步。（F. & C.，第 55 页以下；F. & A.，第 60—61 页、第 96—97 页）德豪胥［《非洲铁匠的象征意义》，见《世界的反映》，第 10 章（1956 年 7月），第 57—70 页］批评了 P. 克莱门特对铁匠矛盾态度的社会经济学解释［《非洲的铁匠：考虑到小组的一些态度》，见《人文地理与民族学》，第 1 卷（1948 年），第 35—58 页］。克莱门特强调，非洲铁匠之所以有时让人恐惧、让人敬畏，有时却遭人轻视，是因为他们既被看作"御火大师"、神话中的太阳英雄，又被看作会用巫术的危险人物。作为兵器的打造者，他们是要为流血事件负责的人。杰曼·迪特朗在《西部非洲铁匠研究的贡献》［高等研究应用学院，《宗教学 1965—1966 年鉴》，第 74 卷（巴黎，1965 年），第 3—28 页，尤其是第 16—18 页］这篇文章中，对多贡铁匠的宗教地位做了精彩的分析。在《水

186

神》（巴黎，1948 年，第 101—106 页）中，格里奥勒描写的原始铁匠神话，由 M. 格里奥勒 和 G. 迪特朗，在《生铁》卷一《宇宙起源神话》（巴黎，1965 年）中进行了详细讨论。还有加拉莫·格里奥勒的《人类学和语言：多贡话语》（巴黎，1965 年，第 275 页以后），等等（参见索引，锻造，锻工词条下）。

关于非洲铁匠的入会仪式，参见欧内斯塔·克里尤利的《关于铁匠在非洲的贸易》[《宗教历史的研究和材料》，第 27 卷（1956 年），第 87—101 页]。还有 E. C. 兰宁的《乌干达铁匠风箱的生殖象征》（《人类》，第 54 卷，第 262 期，第 167—169 页）。

勒内·德·内贝斯基 - 沃杰科维茨 [《西藏的神灵和鬼怪》（海牙，1956 年），第 153 页以后、第 337 页以后、第 467 页、第 539 页]、石泰安 [《西藏史诗和说唱艺人》（巴黎，1959 年），第 81 页、第 150—151 页、第 189 页、第 361 页以后，等等]、西格贝特·胡默尔 [《西藏神圣的铁匠》，见《民俗研究》，第 19 卷（1960 年），第 251—272 页] 和 F. 阿尔特海姆 [《匈奴史》，第 1 卷（柏林，1959 年），第 195—215 页] 研究了西藏和中亚铁匠的宗教功能、仪式、神话和他们与萨满的密切关系（*F. & C.*，第 81 页以后；*F. & A.*，第 83 页以后）。

采矿与冶金术：信仰和技术

187　　关于雷暴雨（*F. & C.*，第 20 页以后；*F. & A.*，第 19 页以后），参见乔治·霍尔特的《石器时代新几内亚的箭石崇拜》[《热带研究杂志》，第 1 卷（1944 年），第 30—51 页。这本书列举了大量参考书目，第 40—50 页]。

关于铁器时代的神话（*F. & C.*，第 27 页以后；*F. & A.*，第 26 页以后），参见《铁器时代：国际研讨会论文集》，南锡，10月3—6日，1955年［《东方志》，会议记录，第16期（南锡，1955年）］，尤其是让·勒克朗的《古埃及、苏丹和非洲的铁》（第85—91页）。

关于采矿及其神话和传说（F. & C.，第43页以后；F. &A.，第44页以后），则可以参见格奥尔·施雷柏的《矿山建造历史、伦理与宗教文化》（科隆和奥普拉登，1962年）。

关于《采矿手册》（F. & C.，第44页以后；F. & A.，第50页以后），参见：皮普尔《乌尔里希·冯·卡尔维及其采矿手册》（柏林，1955年）；多萝西·威克夫《艾尔伯图斯·麦格努斯论矿藏》［《爱西斯》，第49卷（1958年），第109—122页］；拉撒路·埃克尔《论矿石与检验》（芝加哥，1951年），由西斯科和史密斯翻译，采矿地质学也是由他们翻译注解（纽约：美国采矿冶金工程师协会，1949年）。

关于美索不达米亚的文献（F. & C.，第71页以后；F. & A.，第75页以后），在马丁·利维的著作《古美索不达米亚的化学和化学技术》（阿姆斯特丹，1959年）中得到了系统阐述。他还在《古美索不达米亚化学技术中的石膏、盐、苏打》［《爱西斯》，第49卷（1958年），第336—341页］一文中也对此进行了阐述。

希腊和伊斯兰炼金术的最新研究著作

夏普德将诺斯替教视为冶金神秘性的主要来源，他的观点在《诺斯替教和炼金术》［《安比克斯》，第6卷（1957年），第86—101页］、《炼金术中蛋的象征》［《安比克斯》，第6卷（1958年），第140—148页］、《拯救主题和希腊炼金术》［《安比克斯》，第6卷（1959年），第42—76页］、《古老炼金符号调查》［《安比克斯》，第8卷（1960 <u>188</u>

年），第 35—41 页］和《炼金术中咬尾蛇与物质的统一：起源问题研究》［《安比克斯》，第 10 卷（1962 年），第 83—96 页］等文章中都有体现。

关于伊斯兰炼金术（*F. & C.*，第 196—197 页；*F. & A.*，第 199 页），参见德布斯的参考文献（同上，第 45 页，注释 17）。斯特普尔顿的《阿维森纳的两部炼金术专著》［《安比克斯》，第 10 卷（1962 年），第 41—82 页］和亨利·科尔宾的《阿维森纳和空想描述》（由威廉· R. 特拉斯克译自法语，纽约，1960 年）也很重要，尤其是第 212 页之后。

普拉富拉·钱德拉·雷的《印度化学史》（*F. & C.*，第 192 页以后；*F. & A.*，第 196 页），在 1956 年重印（加尔各答：印度的化学协会），参见 J. 菲利奥札评论文章［《爱西斯》，第 49 卷（1958 年），第 362—363 页］。

我在撰写《熔炉与坩埚：炼金术的起源和结构》这本书时，还不知道孟信昂的《缅甸的炼金术和炼金术士》［《民俗学》，第 44 期（1933 年），第 346—354 页］这篇文章。一个人服用适量金属复合物的时候，可以成为 *zawgyee*①（源于瑜伽信徒的一个术语），这些金属复合物是从汞或铁中提取的。在 *zawgyee* 训练成为准萨满时，他会获得"活金属石"，"活金属石"可以让他飞翔、遁地、刀枪不入，且长寿千年。"活金属石"可以治百病，铜和银只要碰着它就会变成金子。萨满候选人不断试验，直到得到这个合成物。如果他吞下"活金属石"，在之后长达七八天的时间内，他会失去意识。通常，他会隐入洞穴，七天之后，就会变为 *zawgyee*，寿命长达百万年，可以起死回生，且可以隐身（第 346—347 页）。*zawgyee* 严禁吃肉以及喝含酒精的饮

189

---

① 即缅甸萨满或巫术师。——汉译者注

料。他不能和女人发生性关系，只能和女子形状的水果性交。*zawgyee* 将水果变为活物，并当作自己的妻子。孟信昂的《缅甸炼金术信仰》（《缅甸研究学会杂志》，第35期，第83—91页）也有相关论述。这与印度的瑜伽－炼金术士极为相似，参阅拙著《瑜伽》（纽约，1958年），第274页之后。

文艺复兴及宗教改革时期的炼金术

关于帕拉塞尔苏斯与文艺复兴时期的医疗化学（*F. & C.*，第198页以后；*F. & A.*，第200页），参见沃尔特·佩格尔的《帕拉塞尔苏斯：文艺复兴时期的哲学药理简介》（巴塞尔，1958年）、《帕拉塞尔苏斯的医学世界观与新柏拉图主义和诺斯替主义的关联》（威斯巴登，1962年）和《帕拉塞尔苏斯与新柏拉图和诺斯替传统》［《安比克斯》，第8卷（1960年），第125—160页］，阿伦·乔治·德布斯的《英国的帕拉塞尔苏斯派学者》（伦敦，1965年）和《早期化学历史的意义》一文，第48页之后（含有大量的参考文献），以及沃尔夫冈·施耐德的《帕拉塞尔苏斯和制药学化学的发展》［《制药学档案》，第299卷，第9期（1966年），第737—746页］。

关于琼森的《炼金术士》（*F. & C.*，第54页以后；*F. & A.*，第51页以后），我忽略了埃德加·希尔·邓肯一篇极好的文章《琼森的〈炼金术士〉和炼金术文学》［《美国现代语言学协会会刊》，第61期 <u>190</u>（1946年9月），第699—710页］。作者列举了大量琼森关于炼金术方面的知识，"他比英语文学界任何主要作家的知识都要丰富，可能唯有乔叟和多恩二人能与之比肩"（邓肯，同上，第699页）。埃德加·希尔·邓肯的另一篇文章《自耕农教士的"水银炼金"》［《现代哲学》，

第 37 卷（1940 年），第 241—262 页〕讨论了乔叟的冶金知识，还有《多恩作品中的炼金术人物》〔《英语文学史》，第 9 卷（1942 年），第 257—285 页〕和《琼森〈宫廷炼金术士所证实的水银〉中的炼金术》〔《哲学研究》，第 39 卷（1942 年），第 625—637 页〕这两篇文章。H. 菲斯彻在《炼金和英语文学》（《利兹哲学与文学社论文集》，第 7 卷，第 123—136 页）中对此进行了综述。

在《十字架、星座和坩埚：宗教改革期间路德教会的占星术和炼金术》〔《加拿大皇家学会学报》，第 1 卷，第 4 册（1963 年 6 月），第 2 部分，第 251—700 页〕里，蒙哥马利研究了路德对炼金术的态度，以及路德神学与炼金术之间的关系，还有法文版《宗教改革期间路德教会的占星术和炼金术》〔《哲学宗教与历史回顾》（1966 年），第 323—345 页〕。路德对于这个主题的充分论述值得引述：

> 炼金术这门科学，我很喜欢，它的确是古代的自然哲学。我喜欢这门学科，不仅仅是因为它能装饰金属、蒸馏和升华出药草和酒精，还因为寓言和它的神秘意义，这些都是极好的，触及最后审判日复活死者这一主题。因为，正如在熔炉中火复原并分离出物质，升华出精神、生命、元气、力量，而那些渣滓，就像死的和无用的残骸（路德在这还列举了酒、肉桂和肉豆蔻的例子），留在了底层。即使是上帝，在审判日那天，也会用火把所有的东西分为正义和邪恶。[《桌边谈》魏玛版，第 1 卷（1149 年），转引自蒙哥马利，同上，第 263 页〕

作者强调了隐含在安德烈亚斯·利巴菲乌斯（1550—1616 年）、海因里希·昆哈特（1560—1605 年）的炼金术著作和 J. V. 安德里亚（1586—1650 年）的《化学婚礼》中路德的观点。

191

在《原初物质：乔尔乔涅一幅绘画的秘密》［《巴登苯胺苏打厂期刊》，第 9 卷（1959 年），第 50—54 页］这篇短文里，G．F．哈特劳伯对乔尔乔涅的名画《东方三博士》做了炼金术的解释。作者不把这三个人看作"东方三博士"，而是把他们看成神秘社会阶层的化身。在作者看来，这幅画是对地球内部崇拜的标志。从地球内部，人们找到了"原初物质"（访问地球内部等）。还有该作者的《魔法石》（慕尼黑，1959 年）、《化学童话》［《巴登苯胺苏打厂期刊》，第 4 卷，第 2、3 章（1954 年）；第 5 卷，第 1 章（1955 年）］和《变形符号》［《巴登苯胺苏打厂期刊》，第 9 卷（1959 年），第 123—128 页］。

西方炼金术著作早期版本的众多影印版（F. & C.，第 198—199 页以后；F. & A.，第 201—202 页；见德布斯《早期化学历史的意义》，第 46 页，注释 21—26）中，最值得一提的是米兰出版社出版的"本原"书系限量版，这套书只发行了一百一十套。特别有趣的是乔凡尼·巴蒂斯塔·纳札里的《金属嬗变的三个阶段》（布雷西亚，1599 年）、乔凡尼·布拉塞斯科的《哲学家格柏的阐述，生命之木对话》（威尼斯，再版，1562 年）和胡金努斯·阿·巴马的《铅的统治时期在黄金时代有了改变》（巴黎，再版，1780 年）。胡金努斯的这本书是法国极少翻译的帕拉塞尔苏斯作品的代表——《土星变为黄金》，1657 年首版于巴黎。这本书的"本原"版本有简介、参考书目和历史评价。

192

炼金术的起源

关于炼金术的起源，参见沃尔夫冈·施耐德的《论"化学"这个词的起源》［《制药学工业》，第 21 卷（1959 年），第 79—81 页］和《炼丹史的问题和新观点》，以及德效骞的《炼丹术的起源》［《安比克斯》，第 9 卷（1961 年），第 23—36 页]。S. 马迪哈桑在文章中试图证明 kimia 这个词来源于中国。他说在中国南方有 Kim-Iya（福建方言"金液"）这个词，意思是"金使新鲜植物成汁"。在伊斯兰教创立之前，阿拉伯人把这个词从中国带到了当时世界的商业中心，即亚历山大港，在那儿 kimiy 就音译成了 Chemia（化学），但是仍然发 kimiya 的音。[S. 马迪哈桑，《炼金术起源问题的三重考察》，见《科学》，第 60 卷（1966 年），第 444—455 页，尤其是第 445 页]还有该作者的《炼金术的中国起源》[《联合亚洲》，第 5 卷（1953 年），第 241—244 页]、《炼金与占星术、药剂、魔法、冶金术的联系》[《雅努斯》，第 46 卷（1956 年），第 81—103 页]和《炼金术及其语源、信条和符号揭示的中国起源》[《伊克巴尔评论》（卡拉奇）（1966 年 10 月），第 22—58 页]。在这些论文的最后，作者对自己关于炼金术的"起源"观点进行了总结："原始人必须面对艰难的生活条件，食不果腹。承担

193 生计的人将上了年纪的男性视为负担，对他们十分苛刻。在印度……他们隐居并成为孤独的居民。但是，人类不愿意死亡，所以这些苦行僧，生活在返老还童的梦想中……那时，人类已经将新鲜植物作为医药了……中国药师……不仅仅相信万物有灵论，还相信二元论。"（第 23 页）还有很多参考文章，但这些论述已经足够展示作者的研究方法了。

中国炼丹术

李约瑟和他的同事已经对理解中国炼丹术做了重要贡献（*F. & C.*，第 109 页以后；*F. & A.*，第 113 页以后）。虽然李约瑟致力于研究中国化学和工业化学的《中国的科学与文明》第 5 卷还没有出版，

我们已有两个很有意思的专题：何丙郁和李约瑟的《早中期中国炼丹方士的实验室装置》[《安比克斯》，第7卷（1959年），第57—115页]和曹天钦、何丙郁、李约瑟的《早中期中国炼丹术中水溶液的测试》[《安比克斯》，第7卷（1959年），第122—158页]。还可参见李约瑟的《中国钢铁技术历史的评论》[《铁器时代》（南锡，1956年），第93—102页]。

同样重要的还有对葛洪《抱朴子内篇》的完整翻译，现在学者才知道戴维斯和范佛翻译的只是原文的片段（*F. & C.*，第188页以后；*F. & A.*，第193—194页），见詹姆斯·R.威尔翻译和编辑的《公元 <u>194</u> 320年中国的炼丹术、医药和宗教：葛洪内篇》（剑桥，马萨诸塞州，1966年）这本书。通过翻译葛洪的自传（同上，第6—21页），威尔教授介绍了这本书。读者可能对此书没有解释和评论感到遗憾。读者想知道很多关于龟和鹤的民间传说，以及中国炼丹方士对其的解释。但是，下面这段引文如果没有解释的话，不知道是否能看懂：

> 服丹守一，与天相毕，还精胎息，延寿无极。

（威尔编译，同上，第59页）

还精和所谓的胎息，是极其复杂的技艺，在中国和印度有着很长的历史，有人说是可追溯至"史前"。（参见 *F. & C.*，第124页以后；*F. & A.*，第122页以后）没有马伯乐对书中部分章节的研究和翻译[参见伊利亚德的《瑜伽》（巴黎，1955年），第75页以后；《瑜伽》，第59页以后；*F. & C.*，第125页以后；*F. & A.*，第129页以后]，很难理解书中暗含的胎息法[威尔（编译），同上，第69页]。还有金和玉在尸体保存过程中的作用[威尔（编译），同上，第62页；参见伊利亚德，《亚洲炼金术》，第1卷，第18页以后；*F. & C.*，第119页以后；*F. & A.*，第 118 页以后]、朱砂的重要性，以及道教的知识[威尔（编译），同上，第 74 页以后；*F. & C.*，第 117 页以后；*F. & A.*，第 121 页以后]，这些都是需要解释和说明的。

　　可喜的是，今后会有很多关于中国炼丹术的书，且有着完备的注
195 解，如此一来，这些书就能面向大众。对中国炼丹术文化史感兴趣的主要原因是，它重新阐释了很多古老的"流行"技艺（用饮食、冥想、呼吸技术等方法来延长生命）。石泰安和康德谟①对很多道教"史前"技艺和炼丹术均有涉猎，并对印度的相关技艺和炼金术进行了介绍。（参见 *F. & C.*，第 117 页以后；*F. & A.*，第 121 页以后）对于巫师或炼丹方士隐退洞穴（或葫芦）主题的研究，在《远东微观世界观》中，石泰安有所介绍，还有苏远鸣的《罗浮山：宗教地理研究》[《法国远东学院学报》，西贡，第 48 卷（1956 年），第 1—139 页，尤其是第 88—96 页的《洞天》和第 97—103 页的《子夜太阳》]。

炼金术和思想史

　　卡尔·古斯塔夫·荣格的研究贡献卓越，使得炼金术在现代文化中变得意义重大（见 *F. & C.*，第 199—209 页以后；*F. & A.*，第 201—204 页）。最后一部重要作品花费了他十年的时间，最近被翻译成了英语——《神秘合体：关于炼金术中精神对立面分离与合成的研究》（伦敦和纽约，1963 年；德语原版在苏黎世出版，1955—1956 年）。熟悉荣格早期炼金术著作②的读者会发现，在这本书中有着一样的方法

---

　　① 参见康德谟的总结，《老子与道教》（巴黎，1965 年），第 165—174 页。

　　② 参见 *F. & C.* 中参考文献，第 199—200 页；*F. & A.*，第 201—202 页，荣格《炼金术研究》全集英文版的第 14 卷，纽约，1967 年，包含了其他文本，以及至今尚未翻译的《作为精神现象的帕拉塞尔苏斯》（1942 年）和《哲学之树》（1945/1954 年）。

论假设：和早于他四十年的赫伯特·西伯尔一样，作为一个心理学家，196荣格把炼金术及其技术看成是在无意识状态下发生的映射过程。我们在本书中所说的主题，是合成对立面的炼金步骤。荣格把这个极其神秘复杂的过程，解读为个人化过程，"虽然有一个重要的不同点：从没有个人能达到炼金术象征意义的丰富程度和广度"（同上，第 555 页）。

关于这个纯心理方法是否被接受并无结论，没有炼金术心理学基础的读者，会很难接受这一点。因为《神秘合体》是一本内容丰富且很有价值的书：它把很多难以理解的炼金术、诺斯替教和神话的文本联系到了一起；而且，更重要的是，从比较宗教学和分析心理学角度来阐释它们的象征意义。《神秘合体》这本书的文化影响，可以说是独立于荣格的心理学理论的。最终，这部作品可能帮助我们，重新发现炼金术象征意义的迷人之处，并领会炼金术士梦想的史学价值。

1957 年在苏黎世出版的《神秘合体》第 3 卷，收录了一部论文集和玛丽·路易斯·冯·弗朗兹关于《曙光女神》的研究，一般认为荣格重新发现了这部 13 世纪的炼金术著作，其作者是托马斯·阿奎那。197这部作品最近由霍尔和格拉芙翻译成英文《曙光女神：托马斯·阿奎那关于炼金术中矛盾问题的论述》（伦敦和纽约，1966 年）。这本书的英文翻译要比德语原版好，因为其不仅对原来很多错误、不完整的引述和错误参考文献进行了修正，且附录了玛丽·路易斯·冯·弗朗兹简短而重要的前言。

在炼金术专著中，一方面，《曙光女神》是很独特的。只有一半的炼金术"经典"被引用，也没有技术指导和化学秘诀。（同上，第400 页）另一方面，极力强调神秘元素。一些手稿中说这是阿奎那写的，但是学者们极力反对。众所周知，托马斯的老师，大阿尔伯特在遇到他的弟子之前（1245—1250 年），就对炼金术和神秘主义极感兴趣。至于托马斯自己，他认为炼金术是"真正的艺术，但是由于神秘的神的力量的影响，很难解释"（同上，第418页）。冯·弗朗兹博士认为，《曙光女神》极有可能是托马斯最后的遗言，当时他躺在福萨诺瓦圣玛丽修道院的床上，这部著作是他最后的"讲稿"。因此，他在那不勒斯的圣尼古拉斯小教堂里经历狂喜之后，这部专著就和托马斯的神秘天启相联系。不过，这反映不了他的哲学和神学理论系统。在经历狂喜之后，他却认为，这些他在早期作品中极力构建的系统"毫无价值"。

198　　专家们很可能不同意这个观点。但不会因此减少对这本书的兴趣。书中长长的评述（同上，第153—431页）、渊博的学识，有助于理解炼金术和神秘主义的象征。

　　就像我们之前所说的，荣格对炼金术的兴趣，是由心理学因素引起的。他的研究方法与科学历史学家的方法完全不同，在科学史学家眼里，只有那些有科学价值的东西，才被认为是化学的雏形。最后，对于一些现代作者来说，炼金术是一门"传统的科学"（水的技艺），他们从符号和实物来理解长生药和青金石。（*F. & C.*，第198页；*F. & A.*，第200—201页）但是，有待于运用更为广泛和全面的方法，从炼金术士的角度来研究其宇宙观。比如，石泰安和康德谟的研究，已经揭示了中国炼金术士和道教的宇宙观。他们的发现不仅对了解中国思想极其重要，对揭示这种独立于人类历史变迁的宇宙观很有价值。换言之，这些研究拓宽了我们对人类的理解，而不用去考虑诠释学提出的具体宇宙观所产生的历史语境。

　　对于拓宽西方史学研究意识起到重要作用的，还有最近关于赫尔墨斯主义，以及它与文艺复兴时期科学、艺术和哲学关系的作品。在此，我们引用弗朗西斯·耶茨的一部专著《乔丹诺·布鲁诺与炼金传统》（芝加哥，1965 年）。这本书向我们精彩地展示了过去几年中，在理解意义世界方面所取得的成就，而这一意义世界为上一代的文艺复兴史学家所不屑一顾。炼金术的宇宙想象，对哥白尼日心说的胜利有重要意义，对意大利文艺复兴时期哲学的发展也起到了很大的作用。在理解文学历史方面也有相似的功效。有人可能想到，比如奥古斯特·维亚塔《浪漫主义的神秘学来源：光明派教义理论》（巴黎，1927 年），这部作品为一系列的研究打开了一道大门。通过展示神秘主义、神秘教和炼金术，它完全更新了人们对法国文艺复兴时期诗歌（阿尔伯特－玛丽·施密特）以及法国浪漫主义的理解［《浪漫主义灵魂与梦境》（马赛，1937 年）］，而且对发现和阐明光明派教义、玫瑰十字会、共济会纲领，以及 19 世纪前半叶的文学作品间的关系起到了重要作用。

这些研究揭示了一系列宇宙想象，它们在形成西方现代思想中起到的作用从未被质疑过。我们只能希望，在不久的将来，对炼金术士意义世界的探索和解读，会像最近对文艺复兴时期赫尔墨斯主义和法国浪漫主义的研究一样有见地、敏锐和易解。

附　　录

注　解　A

陨石、雷公石、冶金术起源

201　　有关石头天穹的神话研究，参见欧洛·霍姆伯格的《生命之树》（《芬兰科学院纪事》，B辑，第16卷，赫尔辛基，1922—1923年），第40页。H. 赖歇尔特《石头的天堂》（《印度日耳曼研究》，第32期，1913年，第23—57页）认为，石头和金属天空的观念盛行于印欧人中。R. 艾斯勒《犹太炼金术的术语与历史》（《犹太历史和科学月刊》，1926年，N. F.，第26卷，第194—201页）认为，陨石的出现，使我们相信天空是由不同的金属（铁、铜、金和银等等）构成的。至于天空、金属和颜色之间的联系，参见霍姆伯格上述著作，第49页，以及A. 耶利米亚《古代东方精神文化手册》（第2版，柏林，1929年），第180页以下。但R. J. 福布斯《古代冶金术》（莱顿，1950年）认为，金属、颜色和星球之间的精确影射，甚至在巴比伦时代，也比人们想象的不同寻常。

　　关于雷公石，参见理查德·安德礼《人种学比较，新秩序》（莱比锡，1889年），第30—41页（霹雳）；保罗·塞比洛特《法国民俗》，202第1卷（巴黎，1904年），第104—105页；W. W. 斯基特《菊石》（《民俗学》，第23期，1912年，第45—80页）；伊夫·圣《法国及其殖民地史前民俗汇编》，第2卷（巴黎，1934年）；《石器时代工具传统》，第107—202页。

关于远古时代金属在人们的生活和宗教中的角色，参见理查德·安德礼的文集《史前时代的原始人与金属》（莱比锡，1884年）。关于铅的民间传说，参见利奥波德·施密特《铅的民间影响》（奥地利化学研究院，第2卷，第4—5册，1948年，第98页以下）。有关冶金术的历史和文化研究，参见理查德《人类与金属：文明进程与矿业关系史》（纽约，1932年，第2卷；还有法语译本），以及J. R. 柏廷顿《应用化学的起源与发展》（伦敦，1935年）。R. J. 福布斯在《古代冶金术：考古学家与工艺技师手册》（莱顿，1950年）中，给我们介绍了古代冶金术的最新研究状况，这本书包含了大量相关文献。也可参见该作者《古文献：自然哲学》（第一部分，矿业，莱顿，1940年；第二部分，冶金术，莱顿，1942年）。另外可参见查尔斯·辛格、E. J. 霍姆亚德和A. R. 霍尔的《科技史》，第1卷（牛津，1955年）。

关于铁（AN. BAR，新亚述时代铁的书面语），参见赫梅尔《近东地理历史概览》（柏林，1908—1922年），第13页；G. G. 博森《亚述巴比伦铭文中的金属和宝石》（会议论文，慕尼黑，1914年），第11—12页；佩尔森《远古时代的铁与冶金，辞源与实证》（《伦德皇家学会通报》，1934年，第111—127页），第114页；福布斯《古代冶金术》，第465页。

关于铁（*parzillu*，新亚述时代铁的规范写法），参见佩尔森，同 203 上，第113页；福布斯，第465页。

关于古代近东地区黄铜和青铜工商业的研究，参见R. 杜索《古代吕底亚及其邻国》（巴黎，1930年），第76页以下。

有关青铜的词汇研究，参见乔治·道森《Nuzi Smn 的词汇》（《亚

165

述学刊》，1947—1948 年），第 26 页以下。

关于古埃及铁及术语"*biʐ-n*"的问题，参见 G. A. 温莱特《埃及之铁》（《埃及考古学杂志》，第 18 期，1932 年，第 3—15 页；佩尔森在文章中已做了总结，第 2—3 页）；同上，《铁器时代的开启》（《考古》，第 10 期，1936 年，第 5—25 页）；温德姆·赫尔姆《埃及早期冶金术》（《考古》，第 2 期，1937 年，第 222—223 页）；福布斯《古代冶金术》，第 425 页以下。H. 奎瑞弗的研究总结，参见文章《古代铁和钢的起源》（《研究和进展》，第 9 期，1933 年，第 126—270 页）。他认为自己证明了后来埃及人用的铁来自努比亚，因为那里的沙粒中包含大量的磁铁矿，这些沙粒的铁含量高达 60% 以上。

关于米诺斯 – 克里特铁的研究，参见 H. R. 霍尔《青铜时代的文明》（伦敦，1928 年），第 253 页；佩尔森，第 111 页；福布斯，第 465 页以下。

注 解 B
铁 的 神 话

有关对抗恶魔和幽灵的辟邪铁的研究：易戈纳兹·戈尔德齐哈尔《防御恶魔的铁》（《宗教学档案》，第 10 期，1907 年，第 41—46 页）；S. 塞利格曼《邪恶的眼睛》（柏林，1910 年），第 1 卷，第 273—276 页，第 2 卷，第 8—9 页，等等；同上，《巫术的祝福和庇护》（斯图加特，1927 年），第 161—169 页（最后一册是对《邪恶的眼睛》中一些章节的扩展）；弗雷泽《灵魂的禁忌与危机》，第 234 页以下（法译本，第 195 页以下）；托尼 – 彭泽《故事海》，第 2 卷（伦敦，1924

年），第 166—168 页；J. J. 梅耶尔《古印度统治权力的三部曲和植物节日》（苏黎世－莱比锡，1937 年），第 1 卷，第 130 页以下，第 2 卷，第 118 页以下；乔治·杜梅齐尔《双刃斧》（《亚洲学报》，1929 年，第 237—254 页），第 247 页以下（高加索人相信刀能驱魔降妖）；让·菲利奥札《印度鬼神学研究》（巴黎，1937 年），第 64 页（刀的魔法作用）。亦参见《德国迷信手册》中铁的章节。

铁作为农作物保护者的主题（欧洲东北部）：A. V. 兰塔萨罗《芬兰人和爱沙尼亚人民族信仰中的农业与条顿人的习俗比较》（第 5 卷，《民俗学者通讯》，索尔塔瓦拉－赫尔辛基，1919—1925 年），第 3 卷，第 17 页以下。

注 解 C
人类学主题

关于泥土造人主题的研究：S. 兰登《苏美尔人的诗：天堂、洪水和人的堕落》（巴黎，1919 年，C. 维罗洛译），第 22—23 页、第 31—32 页；同上，《闪族神话》（波士顿，1931 年），第 111—112 页；大洋洲的造人神话传统，参见 R. B. 迪克森《海洋神话》（波士顿，1916 年），第 107 页（人类是由泥土混合着上帝的血液创造的）；同见詹姆斯·弗雷泽《〈旧约〉中的民俗》（伦敦，1919 年），第 1 卷，第 3—44 页；同上，《原始宇宙进化论的创造与演变》（伦敦，1935 年），第 3—35 页（写于 1909 年，因此没有前面提到的著作完整）。埃及民间传说中的造人神话研究，参见华理士·布奇《古埃及从物神到神祇》（牛津，1934 年），第 143 页、第 434 页（神的眼泪创造了人类）；阿

205 道夫·埃尔曼《埃及宗教》（柏林，1934 年），第 66 页；桑德曼·霍姆伯格《造物神卜塔》（隆德－哥本哈根，1946 年），第 31 页以下。

人类学主题综述，参见斯蒂·汤普森《民间文学母题索引》，第 1 卷（赫尔辛基，1932 年，《民俗学者通讯》，第 106 页），第 150—159 页。关于巴比伦创世诗歌的较新译本，参见 G. 富拉尼《创世史诗》（博洛尼亚，1934 年），第 100 页以下（参见第 34—35 页，同见于美索不达米亚传统）；R. 拉巴特《巴比伦创世史诗》（巴黎，1935 年）。与炼金术问题直接相关的材料，参见《托拉查人的传统：神祇普内帕拉布鲁用铁锻造他的每个孩子》（克鲁伊特，转引自 J. W. 佩里《太阳之子》，第 2 版，伦敦，1927 年，第 207 页）。

注 解 D

人工丰产和狂欢仪式

美索不达米亚的人工丰产主题研究，参见 A. H. 普卢森《古巴比伦的节气文化》（《美国东方学会会刊》，第 36 期，1920 年，第 213—232 页）；乔治·萨顿《亚述那西尔帕一世时期海枣树的人工受粉》（《爱西斯》，第 21 卷，总 60 卷，1934 年 4 月，第 8—14 页）；同上，《再论古巴比伦节气文化》（同上，总 65 期，1935 年 6 月，第 251—252 页。这两篇文章包含了关于该问题的完整参考文献）；《海枣树和古西亚图像中的神木》（巴黎，1937 年），第 111—121 页。

关于希伯来和阿拉伯人的类似传统，参见萨洛蒙·甘兹《巴勒206 斯坦和阿拉伯半岛人工培育海枣》（《爱西斯》，第 33 卷，总 65 卷，1935 年 7 月，第 245—250 页）。伊本·瓦夏的文章介绍了关于嫁接柑橘类水果树的技术，参见 S. 托高斯基《赫斯珀里得斯——柑橘的使用和文化史》（伦敦，1938 年），第 56 页、第 129 页以下。

注 解 E
火之性象征意义

有关火在古印度的性象征之研究，参见 K. F. 约翰逊《关于古印度女神蒂舍纳》（瑞典科学协会刊行，乌普萨拉 – 莱比锡，1917 年），第 51—55 页。关于现代印度传统，参见 W. 克鲁克《印度北部的宗教与民俗》（牛津，1926 年），第 336 页；J. 阿博特《能量之源：印度宗教仪式与信仰研究》（伦敦，1932 年），第 176 页。

关于史前文化中灶台（相当于女阴）的象征主题，参见奥斯卡·阿尔姆格伦《作为宗教文献的北欧岩画》（美茵河畔的法兰克福，1934 年），第 224 页以下。这一象征在古代日耳曼人中和北欧地区的情况，参见雅各布·格林《德国神话》（第 4 版，1876 年，第 3 卷，第 175 页）。

有关原始事物中火的性象征主题，参见詹姆斯·弗雷泽爵士《巫术和国王的起源》，第 2 卷，第 208 页；同上，《火的起源神话》（法文本，巴黎，1931 年），第 62 页以下。神圣的取火仪式上性狂欢的例证，同上引，第 64 页（按照维茨的观点，存在于马林德 – 阿宁人中）。

有关点火的宇宙论象征，以及按照时间再生的观念，参见拙著《永恒回归的神话》（巴黎，1949 年），第 107 页以下。

关于"中心"的象征，同上引，第 30 页以下；《形象与象征》<u>207</u>（巴黎，1952 年），第 33 页以下。

注 解 F

三角形的性象征

关于德尔塔中的三角形的性象征，参见 R. 艾斯勒《库巴－西布莉》，第 127 页、第 135 页以下；佩斯塔洛扎《地中海地区的宗教》（米兰，1951 年），注释 65，第 246 页。关于三角形、门和女人之间关系的研究，参见 H. C. 特朗布尔《阈限契约》（纽约，1892 年），第 252—257 页（资料源自希腊语、汉语、犹太语等）。关于原初符号起源（*arché geneseoas*），参见弗朗兹·多恩塞夫《神秘主义和巫术的字母表》（莱比锡，第 2 版，1925 年），第 21—22 页。有关三角形在印度的象征，参见 G. 杜齐《印度的月亮崇拜》（《东方学杂志》，第 90 卷，1929—1930 年，第 419—427 页），第 422 页和密教象征符号的注解；J. J. 梅耶尔《古印度统治权力的三部曲和植物节日》（苏黎世－莱比锡，1937 年），第 3 卷，第 133—294 页。

R. 艾斯勒在《库巴－西布莉》（《语言学》，第 68 卷，1909 年，第 118—151 页、第 161—209 页）第 135 页，给出了 Ka'aba 性象征令人遗憾的解释：方形石头即麦加圣石，是锥体或方尖碑形状的房子。然而，值得注意的是，在 1909 年当艾斯勒撰写其研究成果时，只有少许学者接触过心理分析，且任何对此稍有了解的学者，很容易被泛性象征主义引入迷途。

注 解 G

生 殖 之 石

关于人类是从石头中诞生的神话主题，参见 B. 纽伯格《孩子和 <u>208</u>
土地》（赫尔辛基，1931 年），第 61 页以下；M. 伊利亚德《宗教史
论丛》，第 208 页。关于受孕的石头和转化仪式，参见《宗教史论
丛》，第 194 页以下。

有关诸神源于生殖女神的主题（伟大女神＝母体），参见 R. 艾斯
勒《世界之衣和天空之罩》（慕尼黑，1910 年），第 2 卷，第 411 页、
第 727 页以下等；同上，《库巴－西布莉》（《语言学》，第 68 卷，
1909 年，第 118—151 页、第 161—209 页），第 196 页以下。

有关人类从石头中诞生的古闪米特传说，参见威廉·罗伯逊·史
密斯《闪米特人的宗教》，第 3 版（伦敦，1927 年），第 86 页（阿拉
伯传奇）；汉斯·施密特《天堂和地狱的叙述》（图宾根，1931 年），
第 38 页，注释 1（《旧约》）。

耶稣从石头中诞生的罗马尼亚宗教传说，参见亚历山大·罗塞蒂
《罗马尼亚的颂歌》（罗马尼亚科学院，布加勒斯特，1920 年），第
68 页。

注 解 H

巴比伦"炼金术"

坎贝尔·汤普森翻译的亚述人炼金术文献《古代亚述化学研究》（伦敦，1925 年，打印稿第 158 页）；布鲁诺·迈斯纳《巴比伦与亚述》，第 2 卷（海德堡，1925 年），第 382 页以下；R. 艾斯勒《巴比伦炼金术的起源》（《化学家报》，第 83 期，1925 年 7 月 11 日，第 577 页以下，第 86 期，1925 年 7 月 18 日，第 602 页以下）；同上，《巴比伦人的化学术语》（《亚述学杂志》，第 37 期，1926 年 4 月，第 109—131 页）；同上，《巴比伦炼金术的起源》（《历史综合评论》，1926 年，第 1—25 页）。关于矿物学和化学术语，亦参见坎贝尔·汤普森《亚述化学与地质学词典》（牛津，1936 年）。坎贝尔·汤普森在《公元前 7 世纪亚述化学研究》（《安比克斯》，第 2 卷，1938 年，第 3—16 页）中，总结了自己在这方面的研究。

由于诸多不同原因，R. 艾斯勒的观点饱受学界争议。如：海因里希·齐默恩《亚述的化学配方——特别是记录和翻译中的有色砖瓦的生产》（《亚述学杂志》，第 36 期，1925 年 9 月，第 177—208 页）；同上，《对亚述化学配方的补充》（同上，第 36 期，1925 年 9 月，第 213—214 页）；科学史家恩斯特·达姆施泰特《试评亚述化学配方》（《亚述学杂志》，1925 年，第 302—304 页，）；同上，《再论巴比伦炼金术》（同上，1926 年，第 205—213 页）；阿拉伯学者兼科学史家尤利乌斯·鲁斯卡《对艾斯勒化学史方法的批评》（《亚述学杂志》，第 37 期，1926 年，第 273—288 页）。

阿贝尔·雷伊赞同 R. 艾斯勒的假说，参见《希腊之前的东方科学》（巴黎，1930 年），第 193 页以下；亦参见 R. 贝特洛《亚洲思想和天体生物学》（巴黎，1938 年），第 43 页以下。

在《炼金术的起源与传播》第 2 册（柏林，1931 年）中，E. 冯·李普曼持中立态度，未将自己归为上述争论中的任何一派。同上，第 3 卷（韦因海姆，1954 年），第 40 页。人们希望福布斯在他的巨著中解决这个问题。

注　解　I
中国炼丹术

作为世界科学史一部分的中国科技思想史之概况，参见乔治·萨 210顿《科学史导论》第 1 至 3 卷，共 5 卷（华盛顿，1926—1948 年）。

有关古代中国炼金术和化学工艺的历史，参见李兆平《古代中国化学工艺》（伊斯顿，1948 年）。B. 劳费尔认为琉璃（制造玻璃窗户的材料）和高岭土最初是由道家炼丹方士研制的，参见《中国瓷器的开端》（芝加哥，1917 年，菲尔德博物馆），第 142 页、第 118 页等。关于将炼丹方士发明的砷盐用于农业和诸多工业的研究，参见意大利学者 M. 穆乔利《中国砷》（《科学史档案》，第 8 卷，第 65—76 页，尤其是第 70—71 页）。在制陶和炼金术中化学发明的应用，参见 E. 冯·李普曼《炼金术的起源与传播》，第 1 卷，第 156 页，第 2 卷，第 45 页、第 66 页、第 178 页等。

中国炼丹术研究，参见拙著《瑜伽》（巴黎，1954 年）的参考书目，第 399—400 页，其中包含一些这方面的必读文献。关于这一主题最有名的著作是 O. 约翰逊的《中国炼丹术研究》（上海，1928 年；亦参见 B. 劳费尔的评论，《爱西斯》，第 12 卷，1929 年，第 330—

332 页）；亚瑟·韦利《中国炼丹术考》（《东方研究院学报》，第 6 卷，1930 年，第 1—24 页）；W．H．巴恩斯《公元前 3、4 世纪中国炼丹术考》（《中国周刊》，第 23 卷，1935 年，第 75—79 页）；德效骞《炼丹术的起源》（《爱诺思年鉴》，第 38 卷，1947 年，第 62—86 页）。

211　　在这些炼丹术译著中，值得注意的是吴鲁强和戴维斯的《中国古代炼金术专著〈参同契〉》（魏伯阳著，约 142 年，《爱西斯》，第 18 卷，1932 年，第 210—289 页）；同上，《葛洪论外丹黄白法》（《美国科学艺术学术汇编》，第 70 卷，1935 年，第 221—284 页）。最后的这部著作包括葛洪《抱朴子》第 4 章和第 6 章的译文；第 1—3 章由范佛翻译，《华裔学志》，第 6 卷，1941 年，第 113—211 页（《爱西斯》，第 9 卷，1944 年，范佛重新翻译了其中的第 4 章），第 7 章和第 11 章由戴维斯和 K．F．陈翻译，《抱朴子内篇》（《美国科学艺术学术汇编》，第 74 卷，1940—1942 年，第 287—325 页）。参见斯普纳和王健雄《九转"丹砂"术：一种中国炼丹术配方》（《爱西斯》，第 38 卷，1947 年，第 235—242 页）。

　　德效骞认为中国炼丹术起源于公元前 4 世纪。根据他的观点，炼丹术只可能从对金子或者对炼金术一无所知的地方产生。鉴于在公元前 14 世纪的美索不达米亚，这些技术已被广泛应用，这将会推翻炼丹术源于地中海的说法。（参见德效骞，第 80 页以下）然而，研究炼丹术的历史学家似乎并不认可这种观点。（参见 F．舍伍德·泰勒，《炼金术士》，纽约，1949 年，第 75 页）德效骞认为炼丹术是由中国旅行者传至西方的。（同上，第 84 页）然而，这并不排除中国"科学的"炼丹术接受了外来的影响。（参见劳费尔，《爱西斯》，1929 年，第 330—331 页）有关地中海地区的观念传入中国，参见德效骞，同上，

第82—83页，注释122—123。关于中国炼丹术观念可能源于美索不达 <u>212</u>
米亚，参见斯特普尔顿《炼丹术考古》(《安比克斯》，第5卷，1953
年，第1—43页)。

胎息与房中术的炼金术象征研究，参见罗伯特·汉斯·古利克
《秘戏图考——明代春宫图，附论汉代到清代（前206—1644年）中国
的性生活》(首版50本，东京，1951年)，第115页以下。

注 解 J
中国巫术传统和炼丹术民间传说考

有关瑜伽修行者和炼丹方士的"飞行术"(magic flight) 主题，参
阅伊利亚德《瑜伽》，第397页。关于中国"飞行术"的研究，参见
伊利亚德《萨满教》，第394页以下。关于道教神仙飞行术的研究，参
见贾尔斯《中国仙谱》(伦敦，1848年)，第22页、第40页、第43
页、第51页等；康德谟《列仙传》(古代道教仙人传记)译本及注解
(北京，1953年)，第51页、第54页、第84页、第146页、第
154页。

中国炼丹方士继承了大量有关永生的远古神话和信仰，以及得道
升仙的途径，并赋予其新的重要意义。他们认为龟和鹤象征着永生。
在中国古代文人笔下，鹤与神仙经常被联系在一起（德·格罗特《中
国宗教制度》，莱顿，1892年，第4卷，第232—233页、第295页），
灵枢上的鹤象征着升仙途径（同上，第4卷，第359页）。在八仙过海
图中，正是仙鹤将船带向空中。（参见沃纳，《中国神话与传说》，伦 <u>213</u>
敦，1924年，第302页）葛洪在《抱朴子》中宣称，一个人可以通过

175

喝用鹤蛋或龟壳酿造的药酒来增加生命力。（转引自约翰逊《中国炼丹术研究》，第61页）这一传统非常古老：《列仙传》讲述了桂父常常服食桂花和葵花，并用龟脑与之配制成桂丸。（康德谟，第119页）

在能够延年益寿的植物中，中医挑出药草"芝"（长生不老药）、松树、柏树、桃树。中医认为松树和柏树阳气旺盛。（参见德·格罗特，同上书，第4卷，第294—324页）偓佺食松子以升仙。"时人受服者，皆至二三百岁焉。"（康德谟，《列仙传》，第54页；同上书，第81页、第136页、第160页）关于长寿松，参见石泰安《远东微型世界观》（《法国远东学院学报》，第42卷，河内，1943年，第1—104页，特别是第84页以下）。《抱朴子》上说：如果一个人用柏树的汁液揉搓脚后跟，他就可以在水上行走，不会下沉；如果涂抹了整个身体，可以隐身。把柏树子晒干，磨成粉，放进火炉里燃烧，它就会发出闪耀的光。如果碰巧有金子或者玉石埋在附近，火光会变为蓝色，并且朝向地面。吃了柏树子碾成的粉，可以活到1000岁。（德·格罗特复印本，第4卷，第287页）据《抱朴子》，桃树和桃树脂能使人体发光。

其他植物和草本也以长寿和魔力而著称。《列仙传》认为韭菜214（第97页）、桂枝（第82页、第119页）、伞菌（第82页）、十字花科的种子（第79页）、乌头属植物的种子（第154页）、当归的种子（第154页）以及向日葵籽（第119页）等能使人长寿，带有魔力。民间传说、道教和炼丹术似乎有种割不断的联系：道教炼丹方士是草药采集者的后裔，他们年复一年，隐居山林，用葫芦收集魔法种子和植物。参见石泰安《远东微型世界观》，第56页以下及各处。

注 解 K

印度炼金术

关于印度炼金术和化学的前身，参见普拉富拉·钱德拉·雷《印度化学史》，第 1 卷（第 2 版，加尔各答，1925 年）；参见罗瑟阁耶·哥毗拉吉·普代·穆克吉《炼金术之海——印度医学、化学和炼金术汇编》，第 2 卷（加尔各答，1926—1927 年），这部汇编虽然价值不高，但是里面引用了大量传统炼金术作品。炼金术士"成就者"之学说揭秘，参见拉曼·萨斯特里《教义文化与瑜伽大师的传统》（《印度文化遗产，室利·罗摩克里希那百年诞辰》，加尔各答；引自第 2 卷，第 303—319 页）；沙市普山·达斯古普塔《孟加拉文学背后的晦涩宗教崇拜》（加尔各答，1946 年），第 289 页以下；伊利亚德《瑜伽》，第 229 页以下。

关于密宗、哈他瑜伽和炼金术之关系研究，参见伊利亚德《瑜伽》，第 274 页、第 398 页以下（参考文献）。亦参见亚瑟·韦利《佛经中的炼金术》（《东方学研究通讯》，伦敦，第 6 卷，第 1102—1103 页）。映射炼金术的作品有《摄大乘论疏》（南条文雄，1171 年；玄奘译本，约 650 年）和《阿毗达磨大毗婆沙论》（南条文雄，1263 年；玄奘译本，656—659 年）。参见 O. 史坦因《佛经中的炼金术》（《东方学研究通讯》，第 7 卷，1933 年，第 262 页以下）。

关于炼金术士龙树，参见拙著《瑜伽》的最新研究介绍和参考文献部分，第398 页。

关于比鲁尼，参见菲利奥札《艾尔－比鲁尼与印度炼金术》（《艾尔－比鲁尼纪念集》，加尔各答，1951 年，第 101—105 页）。

有关汞在印度炼金术中的作用，参见普拉富拉·钱德拉·雷，同上书，第 1 卷，第 105 页；E. 冯·李普曼《炼金术的起源与传播》（柏林，1919 年），第 435 页；第 2 卷（柏林，1931 年），第 179 页；乔利《哲人石》（《温迪施纪念文集》，莱比锡，1914 年），第 98—106 页。关于塔米尔悉跶尔，参见巴斯《作品》，第 1 卷（巴黎，1914 年），第 185 页；菲利奥札《亚洲学报》，1934 年，第 111—112 页；悉跶尔派将物质（物质、成分）分为 *ân* 和 *pensarakhu*，即雌性和雄性，对应中国思想界的阴阳观念。戴遂良（《中国宗教信仰及哲学观点通史》，第 2 版，献县，1927 年，第 395 页）认为生活在公元 3 世纪的道教炼丹方士葛洪的《抱朴子》，仿效了龙树的著作《炼金术行家》。这样的话，被认为成书于 7 世纪或 8 世纪（参见拉蒙特《大智度论》，第 1 卷，鲁汶，1994 年，第 383 页）的《炼金术行家》可能会向前追溯到龙树生活的公元 2 世纪（菲利奥札《印度医学典籍》，巴黎，1949 年，第 10 页）。同时也有另外一种可能，即塔米尔炼金术受到中国的影响（参见菲利奥札《道教与瑜伽》，收录于《越南》，第 3 期，1949 年 8 月，第 113—120 页，尤其是 120 页）。

科迪尔遗留的炼金术手稿，参见菲利奥札《亚洲学报》，1934 年，第 156 页以下。

216

注 解 L

东方炼丹术之卤砂考

卤砂的梵文为 *navasāra*，伊朗名为 *nôshâdar*。斯特普尔顿试图以汉语词语卤砂来解释这些词，参见《原始化学之卤砂考》（《孟加拉亚洲学会纪要》，第 1 卷，第 2 期，第 25—42 页，加尔各答，1905 年）；参见斯特普尔顿和 R. F. 艾佐《公元 10 世纪的伊拉克和波斯化学》（《孟加拉亚洲学会纪要》，第 8 卷，第 61 期，1927 年），第 346 页，注释 1。B. 劳费尔揭示了这个假设的矛盾性，参见《中国 - 伊朗卷》（菲尔德博物馆，芝加哥，1919 年），第 505 页。伊朗炼丹术中首次运用了卤砂，卤砂也由此逐渐传入中国、印度和阿拉伯。参见尤利乌斯·鲁斯卡《卤砂》（《海德堡科学院通讯》，海德堡，1925 年）；同上，《明矾与盐》（柏林，1931 年），第 111 页、第 195 页以下。阿拉伯词语卤砂（*nushadir*）源于印度语卤砂（*noshadar*）。卤砂的发现和其在炼丹中的应用，可以追溯到萨珊王朝众多的炼丹术学派，参见亨利·科尔宾《贾比尔·伊本·哈杨的荣耀之书》（《爱诺思年鉴》，第 18 卷，苏黎世，1950 年，第 47—114 页），第 53 页。卤砂确实存在于亚述人的楔形文字文本中，参见坎贝尔·汤普森《亚述化学与地质学词典》，第 12 页；亦参见柏廷顿《应用化学的起源与发展》（伦敦，1935 年），第 147 页、第 317 页；斯特普尔顿《炼丹术考古》（《安比克斯》，第 5 卷，1953 年，第 1— 43 页），第 34 页，注释 68；冯·李普曼《炼金术的起源与传播》，第 3 卷（韦因海姆，1954 年），第 116 页。 <u>217</u>

注 解 M

希腊－埃及、阿拉伯和西方的炼金术

基本参考文献

马塞兰·贝特洛在其三卷本《古代冶金术全集》（巴黎，1887年）中，编纂和翻译了大多数希腊炼金术作品。最近，F. 舍伍德·泰勒编纂和翻译了被马塞兰·贝特洛遗漏的亚历山大的斯蒂法诺著述《亚历山大的斯蒂法诺炼金术著作》（《安比克斯》，第1卷，1937年，第116—139页；第2卷，1938年，第39—49页）。兰戈卡兰茨出版的化学古抄本《赫尔墨斯秘籍希腊文抄卷》（乌普萨拉，1913年）和马塞兰·贝特洛的《考古学和科学史》（巴黎，1906年），抄本清单见《希腊炼金术抄本目录》（布鲁塞尔，1924年）。

马塞兰·贝特洛《炼金术起源》（巴黎，1885年）中包含了亚历山大炼金术的基本文献和历史；同上，《古代与中世纪化学研究导论》（巴黎，1889年）；冯·李普曼《炼金术的起源与传播》，第1卷（柏林，1919年），第2卷（柏林，1931年），第3卷（韦恩海姆，1954年）；阿瑟·约翰·霍普金斯《炼金术——希腊哲学的产物》（哥伦比亚大学出版社，纽约，1934年）；R. P. 弗斯图日勒，《炼金术》（《古代经典》，第8卷，1939年，第71—95页）；同上，《三倍伟大的赫尔墨斯启示》，第1卷（巴黎，1944年），第216—282页；F. 库蒙特和 J. 毕德思《希腊化时代的先知》（巴黎，1938年），第1卷，第170页以下、第198页以下，第2卷，第309页以下；F. 舍伍德·泰勒《希腊炼金术起源》（《安比克斯》，第1卷，1937年，第30—47页）；

同上，《炼金术士》（纽约，1949 年）；R. 菲斯特尔《希腊化东方的酊剂和炼金术》（《科达科维亚研讨会》，第 7 卷，布拉格，1935 年，第 1—59 页）；J. 毕德思《希腊、拜占庭和埃及炼金术历史研究前沿》（《拜占庭》，第 13 期，1938 年，第 383—388 页）；戈尔德施密特《炼金术起源》（《汽巴化学杂志》，第 5 卷，1938 年，第 1950—1988 页）；A. 雷姆《希腊炼金术的传统》（《拜占庭杂志》，第 39 期，1939 年，第 394—434 页）；W. J. 威尔森《希腊、埃及炼金术的起源和发展》（《汽巴化学专题论文集》，第 3 卷，1941 年，第 926—960 页）；甘岑穆勒《炼金术变迁史》（《化学》，第 3 卷，1950 年，第 143—155 页）；福布斯《炼金术起源》（《古代科技研究》，第 1 卷，莱顿，1955 年，第 122—144 页）；布朗《希腊炼金术中的修辞与宗教》（《安比克斯》，第 2 卷，1946 年，第 129—137 页；第 3 卷，1948 年，第 15—25 页）；埃贡·维雷茨《希腊诺斯替派和炼金术士著作中的音乐》（《安比克斯》，第 4 卷，1951 年，第 145—158 页）。

阿拉伯炼金术历史研究，主要参阅鲁斯卡的研究及其编撰的文集（《七十寿辰文集》中的参考文献，柏林，1937 年，第 20—40 页）。最重要的著述是《阿拉伯炼金术士》，第 1—2 卷（海德堡，1924 年）；《绿宝石碑》（海德堡，1926 年）；《哲人集会》（柏林，1931 年）；《明矾与盐》（柏林，1935 年）。亦参见鲁斯卡两篇文章里的摘要：《关于炼金术文学的几个问题》（《盖巴尔－塞文琳年鉴》，纳沙泰尔，第 7 卷，1931 年，第 156—173 页）和《化学史研究方法》（《安比克斯》，1937 年，第 21—29 页）。

关于贾比尔，参见霍姆亚德《贾比尔·伊本·哈杨作品集》（巴黎，1928 年），尤其是保罗·克劳斯《贾比尔·伊本·哈杨——伊斯

219

181

兰教科学思想史的贡献》，第1—2卷（克莱尔，1942—1943年，《埃及研究所论文集》，第44—45卷）。

关于拉齐，参见杰拉德·海姆《拉齐和炼金术》（《安比克斯》，第1卷，1938年，第184—191页）；柏廷顿《拉齐化学》（同上，第192—196页）。

亦参见弗吕克《安纳迪姆阿拉伯炼金术文献——公元987年》（《安比克斯》，第4卷，1951年，第81—144页）；亨利·科尔宾《贾比尔·伊本·哈杨的荣耀之书——炼金术与原型》（《爱诺思年鉴》，第18卷，苏黎世，1950年，第47—114页）；斯特普尔顿、R. F. 艾佐和胡塞恩《伊拉克和波斯化学史》（《孟加拉亚洲学会纪要》，第8卷，1927年，第340页以下）。

这里不必一一列举文艺复兴和中世纪众多的炼金术文献。读者可参阅贝特洛三卷本《中世纪化学》（巴黎，1893年）、冯·李普曼的经典著作，以及甘岑穆勒《中世纪炼金术》（帕德伯恩，1938年，法语译本，巴黎，1940年）；亦参见奥尔多·米耶利《化学史》（罗马，1922年）；约翰·里德《化学导论：炼金术概要及其文献和关系》（伦敦，1939年）；F. 舍伍德·泰勒《炼金术士》（纽约，1949年）；阿尔伯特-玛丽·施密特《16世纪法国科学诗》（巴黎，1938年），第317页（三位炼金术士诗人：贝尔罗德·迪·维维尔、克里斯托弗·迪·加蒙、克里维斯）；林恩·桑代克《16世纪上半叶的炼金术》（《安比克斯》，第2卷，1938年，第26—38页）；罗伯特·阿马杜《雷蒙德·卢勒与炼金术》（巴黎，1953年，这部著作主要对附录做了介绍，最近，由莱昂斯·鲍耶逊翻译）。

关于帕拉塞尔苏斯，参见恩斯特·达姆施泰特《药与炼金术：帕拉塞尔苏斯考》（莱比锡，1931 年）；提特利《帕拉塞尔苏斯：争议的总结》（《安比克斯》，第 1 卷，1938 年，第 166—168 页）；荣格《帕拉塞尔斯》（苏黎世，1942 年）；夏洛克《帕拉塞尔苏斯的化学著作》（《安比克斯》，第 3 卷，1948 年，第 33—63 页）；亚历山大·柯瓦雷《16 世纪德国的秘密宗教仪式、灵修者和炼金术士》（巴黎，1955 年），第 45 页以下。

杰拉德·海姆曾尝试写作《炼金术参考书目介绍》（《安比克斯》，第 1 卷，1937 年，第 48—60 页），遗憾的是这部作品没有完成。

乔治·萨顿五卷本《科学史导论》和林恩·桑代克六卷本《巫术与实验科学史》（纽约，1929—1941 年）中包括了所有的参考文献。亦参见《爱西斯》（创办者乔治·萨顿）的书评。

传统炼金术观点研究，参见富尔坎耐利《神圣艺术和伟大作品的奥秘之哲学性的住所和神秘的象征》（巴黎，1930 年）；尤利乌斯·埃佛拉《隐微论传统》（巴里，1931 年；第二次修订版，1948 年）；尤金·康赛里耶特《两个炼金炉》（巴黎，1945 年）；亚历山大·冯·伯努斯《炼金术和愈合术》（纽伦堡，1940 年）；勒内·艾罗《传统炼金术面面观》（巴黎，1953 年，第 223—226 页，参考文献）；莫里斯·阿尼亚勒《论炼金术：中世纪基督教的瑜伽宇宙学》（在《瑜伽：整体人文科学》中，所有文本和研究文章都是在雅克·马苏伊的指导下出版的，巴黎，1953 年，第 243—273 页）；克劳德·迪热《化学哲学家集会对炼金术士伟大作品的见解》（巴黎，1954 年；本书包含伯纳德·特雷维森《被遗忘的话语》和戈比诺·德·蒙特卢桑《奇怪的解 221 释》；第 225—232 页，参考文献）。

注　释　N
荣格与炼金术

荣格教授所关注的并非化学史，或炼金术象征本身。作为一名医生和精神分析师，他研究人的心理行为和心理构造，完全出于治疗的意图。如果说他研究的方向渐趋神学、宗教、仪式和灵知，那也是为了更充分地理解思维的过程，并最终帮助病人康复。在工作当中，荣格为病人的梦境及其象征与炼金术象征之间的相似性感到震惊。这使得荣格开始认真研究炼金术文献。他研究了整整十五年，却从未对他的病人或同事提起过。荣格极力避免任何可能的猜测或自我暗示。直到 1935 年，他向设在阿斯克纳小镇的"爱诺思"基金会，发表了一个关于梦的象征和个体化历程的演讲（《个体化历程的梦之象征》，《爱诺思年鉴》，第 3 卷，苏黎世，1936 年）。紧接着在 1936 年，他又发表了题为《炼金术中的救世思想》（《爱诺思年鉴》，第 4 卷，1937 年）的演讲。在第一篇演讲稿里，荣格将一系列展示了个体化历程各阶段的梦与炼金程序的各步骤相比较。第二篇中，他给出了炼金术中某些中心象征符号的心理学解释，特别强调了物质救赎的符号情结。

222　两篇文章阐述清晰，描述详细，以《心理学和炼金术》为名出版于 1944 年［苏黎世，拉舍尔，第 2 版（修订版），1952 年］。在阿斯克纳讲座后，荣格的著作中间接涉及炼金术的篇章越来越多。以下研究特别值得注意：《卓西姆幻象》（《爱诺思年鉴》，第 5 卷，1937 年，第 15—54 页；一个更完整的版本被收录于近期出版的《意识的起源》，苏黎世，拉舍尔，1954 年，第 139—216 页）；《移情心理学》（苏黎世，1946 年），即具有里程碑意义的《神秘契合》的绪论部分，首卷于 1955 年出版；《哲人树》（首稿刊于《自然研究会论坛》，巴塞尔，第 56 期，1945 年，第 411 页以下；修订版被收录于《意识的起源》，第 353—496 页）。

当荣格教授开始研究炼金术时，只有一本从深度心理学的角度探讨该主题的书，即弗洛伊德最杰出的门徒之一赫伯特·西伯瑞撰写的《神秘主义及其象征问题》（维也纳，1914 年）。当开始这项研究时，荣格觉得他没理由跨越这一主题严格的心理学范畴。他所研究的是"心理事实"和存在于炼金术活动、象征符号与心理事实之间的关系。后来，"炼金术士"和"传统主义者"都指责：荣格以心理学术语，解读本质上超心理学范畴的炼金术活动及其象征。另外，一些神学家和哲学家亦不接受荣格用心理学术语来阐释宗教和哲学概念。荣格的 223 回应是众所周知的。超心理学（Trans-psychology）不是心理学家研究的范畴，每次精神体验意味着一种心理事实，它包含一定的内容和结构，而研究这些内容和结构是心理学家的权利和义务。

荣格研究的创新之处和重要性即在于确定了以下事实：无意识历经一个通过炼金术象征符号的形式展现的过程，这一过程所趋向的心理结果与炼金术活动的结果具有一致性。此发现的影响和所涉及的领域都不容低估。撇开荣格提出的纯粹心理学解读不谈，事实上，其发现可归结为：在无意识的深层，有这样一个过程，它与灵修（spiritual operation）的几个阶段十分相似，即直觉、神秘主义、炼金术，灵修无关世俗经验，相反，它与世俗世界相隔。换言之，我们面对的是一个奇特的普遍结构，它存在于无意识现象（梦境、白日梦、幻觉等）和一些体验之间，这些体验不属于世俗化和非神圣化世界，也许被认为属于一个超意识世界（trans-consciousness）（神秘体验、炼金术经验等）。但在研究初期，荣格就发现一系列梦境和白日梦，即他正在研究的炼金术象征，伴随着一个精神整合过程，他将这一过程称为个体化历程。因此，无意识的这些产物既不是混乱的也不是无谓的。对荣格来说，这些无意识产物有明确的目标——个体化，其代表了每个人的最高境界，即对本我的发现。但是如果我们牢记，炼金术士的目标是长生不老药（Elixir Vitae）和哲人石，即获得永生和绝对自由（拥有哲人石可以将其他物质转化为黄金，因此可以自由地改变世界，"拯救"世界）。显而易见，个体化历程通过无意识呈现出来，它无须意识的"允许"，大多数时候个体化历程与意识的意愿是相背离的。个体化历程引导人类通向自身的中心，即本我——这个过程一定是炼金术活动的先兆，或更确切地说，就一般人而言，它被视为对非常困难的入会过程（initiation process）的无意识模仿。这一入会仪式专为那些精神精英而设。由此，得出一个结论：精神整合包含很多个层次，各个层次之间是相互依赖、相互关联的——如果从一个特定的参照系来看，这里所说的是心理学角度。对一个凡夫俗子（the uninitiated person）来说，如果他有炼金梦和精神整合的趋向，也要经历"入会"的残酷考验。但是，尽管在功能上相似，这样的入会和仪式性的或神秘性的入会结果不尽相同。的确，在梦和其他无意识过程的层面上，我们所探讨的是对于常人来说，与仪式性、神秘性层面的入会同样重要的精神重新整合。每一个象征符号都具有多重性。荣格已经在炼金术和潜修活动中，揭示了类似的多重性：这种多重性适用于多个层面，并获得相应的结果。想象、梦、幻觉——这些都揭示了类似的炼金术象征——正是基于这一事实，病人置身于炼金术情境可以在心理层面获得与炼金活动结果相同的改善。

荣格以另一种方式阐释了自己的发现。作为一个心理学家，他认为，炼金术及其所有的象征符号与运作，只不过是一种将原型及其演进过程、集体无意识投射于物质的活动。事实上，炼金术活动即个体化历程，通过这一历程人达到本我状态。长生不老药就是本我的实现。

由于荣格发现本我的显现，即组成本我不可或缺的特定象征符号的出现，具有无意识的非时间性（intemporality），其表现为一种永生和不朽感，（《移情心理学》）因此，就心理层面而言，炼金术士对永生的追求与个体化历程及本我的整合是一致的。关于哲人石，荣格认为其象征有多层含义。让我们回顾一下，首先，荣格认为炼金术活动是"真实的"，但是这种真实性不是物质的，而是精神层面的。以科学术语来说，炼金术是戏剧的投影，同时也是宇宙和精神本体的投射。炼金术志在救赎人类灵魂，同时恢复宇宙和谐。就此而言，炼金术是基督教的补充。荣格发现，在炼金术士看来，基督教拯救了人类，却没有拯救自然界。炼金术士的梦想正是要在整体上拯救世界。哲人石被看作拯救世界的宇宙之子（*Filius Macrocosmi*），然而，根据炼金术士的观点，基督拯救了微观世界，即他只是人类的救世主。炼金术的最终目标是拯救宇宙，正因如此，人们将哲人石（*Lapis Philosophorum*）等同于基督。在荣格看来，炼金术士所谓的"物质"事实上即本我。炼金术士认为"世界灵魂"（*anima mundi*），即圣灵墨丘利（*spiritus mercurius*），囚禁于物质之中。因此，炼金术士相信物质的现实性，这种现实性实际上是其精神本我。炼金术的目的是释放这种物质，拯救它。简而言之，获得哲人石，即获得基督教传统中的"圣体"（glorious body），或炼金术中的"不朽金身"（*corpus glorificationis*）。 <u>226</u>

关于荣格和炼金术的研究，参见拙文（《绿盘》，1955 年，第 97—109 页）。我们可能注意到科学史家赞同荣格关于炼金术的这些观点。参见沃尔特·佩格尔《荣格的炼金术观》（《爱西斯》，第 39 期，第 44—48 页）和杰拉德·海姆的评论（《安比克斯》，第 3 卷，1948 年，第 64—67 页）。

注 解 O

文艺复兴和宗教改革时期的炼金术

意大利文艺复兴初期，新柏拉图主义和希腊风格的赫尔墨斯主义的重新发现所激发的热情一直持续到了之后的两个世纪。现在我们知道，新柏拉图主义和赫尔墨斯主义不仅对哲学与艺术产生了深远的影响，而且在炼金术化学、医学、自然科学、教育以及政治理论的发展中，同样发挥了重大作用。[①]

关于炼金术，我们必须牢记，它的一些基本假设——例如矿石生长、金属转化、长生不老和秘义——从中世纪一直延续到文艺复兴和宗教改革时期。例如，17 世纪的学者不怀疑金属的自然生长，而是追问炼金术士是否能促进自然进程，以及"那些所谓的成功者是否诚实，或者他们根本就是傻子、骗子"[②]。以实验科学而闻名于世，首位伟大的理性化学家赫尔曼·布尔哈夫（1664—1739 年）仍然相信事物的转化。我们将简短地讨论炼金术对牛顿的科学革新之重要性。但是，在新柏拉图主义和赫尔墨斯主义的冲击下，传统炼金术，即阿拉伯和西方中世纪的炼金术拓展了它的参照系。新柏拉图主义模型取代了亚里士多德模型，其强调人、宇宙和至高无上的神之间的精神媒介的作用。现在，炼金术士协助自然的古老而又普遍的信念被赋予了基督论的意义。炼金术士们开始相信，正如基督通过死亡和复活救赎人类一样，炼金术救赎了自然。16 世纪的炼金术士海因里希·昆哈特将哲人石视为耶稣基督——"宇宙之子"，他认为哲人石的发现将揭示宇宙的本

---

① 参见沃尔特·佩格尔：《帕拉塞尔苏斯》（伦敦，1958 年）；弗朗西斯·耶茨：《乔尔达诺·布鲁诺及其赫尔墨斯传统》（芝加哥，1964 年）；同上，《玫瑰十字会的启蒙》（芝加哥，1972 年）。

② 贝蒂·多布斯：《牛顿炼金术基础》（剑桥，1976 年），第 44 页。

质，正如耶稣将全部赐予微观世界，也即人类。①

荣格笃信文艺复兴和宗教改革时期关于炼金术的观点。尤其是他细心研究了基督和哲人石之间的相似性。② 在 18 世纪，本笃会修道士多恩·佩尔内提对基督教神秘的炼金术解读做了如下总结③："炼金术士的长生药原本是上帝的一部分，他［上帝］必须从处女地下被提炼出来。为了在达到光辉和永恒的完美状态之前经受所有必要的考验，上帝被埋在处女地下。考验的第一步［准备阶段］是上帝经受拷打直至流血；第二步是在腐败［阶段］上帝死亡。当白色［albedo］战胜了黑色［nigredo］的时候，上帝从黑暗的坟墓中走出，在一片光辉中复活，然后升入天堂变作纯洁的精灵，审判生者和死者"，"死者"指那些不洁者和不忠者，他们经不起火的考验，最终葬身地狱。

228

从文艺复兴开始，古老的炼金术应用和新近对炼金术神秘的、基督学的重新阐释，在重大的文化转型中发挥了决定性作用，这种文化转型促成了自然科学和工业革命的胜利。通过炼金术拯救人与自然的希望，延续了人们对彻底复兴的怀念，这一复兴梦从吉亚奇诺·达菲奥雷④以来，一直困扰着西方基督教界。重生也即"灵魂复活"是基督教最崇高的目标，但是由于诸多原因，已经很难在制度化的宗教生活中找到了。确切地说，这种对真正"灵魂复活"的怀念，即希望心智转变和美化历史，激发了闻名遐迩的中世纪和文艺复兴时期的千禧

---

① 同上，第 54 页。

② 参见《心理学和炼金术》，霍尔译，第 2 版（普林斯顿，1968 年），第 345 页（《青金石与基督的相似性》）。

③ 多恩·佩尔内提：《神话与炼金术词典》（巴黎，1758 年；再版，米兰，1969 年），第349 页。

④ 吉亚奇诺·达菲奥雷，1130—1202 年，意大利神学家，是菲奥雷圣乔万尼修道院的创始人。——汉译者注

年运动：先知神学、秘术和炼金术灵知。

更重要的是，同样的希望引发了所谓的对炼金术的化学重释。著名的炼金术士、数学家、百科全书式的学者约翰·迪（1527 年）曾向皇帝鲁道夫二世表明自己拥有转化术的秘诀，他认为超自然——尤其是炼金术——实验所释放的精神能量足以改变世界。[①] 与同时代的很多人一样，英国炼金术士伊莱亚斯·阿什莫尔将炼金术、占星术和自然魔法看作那个时代科学的救星。的确，帕拉塞尔苏斯的追随者和范·赫尔孟特则认为，只有通过研究"化学哲学"（即新炼金术）或"真正的医学"才能了解自然奥秘。[②] 人们认为化学而非天文学是打开宇宙奥秘的一把钥匙。炼金术具有神圣的意义。自从世界的诞生被看作一个化学过程，人们便均以化学方式来解释所有的天文地理现象。"化学哲人"对宇宙奥秘的理解，是建立在宏观和微观宇宙联系的基础上的。因此，罗伯特·弗卢德认为人体血液循环是化学过程，如同太阳的循环运动。[③]

和许多同时代的人一样，炼金术士和"化学哲人"都在期待——其中不乏先行者——激进而全面的宗教、社会、文化体系的革新。首先，要全面复兴就得革新学习知识的方式。《兄弟会传说》[④] 提倡一种革新学习方式，这本小册子于 1614 年匿名出版，从而引发了玫瑰十字

---

① 参见彼得·弗朗斯：《约翰·迪》（伦敦，1972 年）；埃文斯：《鲁道夫二世和他的世界》（牛津，1973 年），第 218—228 页。关于约翰·迪对昆哈特的影响，参见弗朗西斯·耶茨：《玫瑰十字会的启蒙》，第 37—38 页。

② A. G. 德布斯：《炼金术和科学史家》，第 134 页。

③ A. G. 德布斯：《文艺复兴时期的化学梦》（剑桥，1968 年），第 7 页、第 14—15 页。

④《兄弟会传说》，发表于 1614 年，三份玫瑰十字会的宣言之一。作品宣称一个由炼金术士及哲人组成的秘密兄弟会准备在欧洲饱受战争蹂躏之际改变欧洲的文艺、科学、宗教、政治及知识面貌。——汉译者注

运动。玫瑰十字会①的创建者克里斯汀·罗森克鲁兹以医学和科学大师而闻名于世，其著述等身，这些著作仅限于玫瑰十字会成员传习。②因此，在 17 世纪伊始，我们再次邂逅这一古老、熟悉而又神秘的情 230景：一本名士写的原始启示录，藏之名山多个世纪之后，最近被重新发现，且只限于在神秘组织成员之间传承。中国的情况也一样，密宗和希腊化时代的著作如同原始启示录的重新发现，凡夫俗子看不到这些著作，其面世是为了广纳那些心怀救世及渴望真理的贤才。事实上，《兄弟会传说》的作者呼吁欧洲那些博学的学者审视他们现行的学科，加入玫瑰十字会以革新获取知识的途径，或者说是促进人类的全面复兴。这一呼吁反响巨大，在不到十年间，出版了数以百计探讨这一秘密团体之学说的图书和小册子。

一些历史学家认为约翰·瓦伦丁·安德里亚是《兄弟会传说》的作者，他于 1619 年出版了《基督城》，这部著作很可能影响了培根的《新大西岛》。③ 在《基督城》中，安德里亚建议，组成一个适当的团体，以便在"化学哲学"的基础上，建立新的知识体系。在那个乌托邦式的城市中，此类研究的中心设在实验室；在这里，"天空和大地结

---

① 玫瑰十字会，是中世纪末期欧洲的一个秘传教团，以玫瑰和十字作为它的象征。——汉译者注。

② 德布斯：《文艺复兴时期的化学梦》，第 17—18 页；《兄弟会传说》由耶茨再版，《玫瑰十字会的启蒙》，第 238—251 页；《兄弟会传说》的法文译本《兄弟会自白》（1615 年）和安德里亚（1586—1654）《克里斯汀·罗森克鲁兹的化学婚礼》，伯纳德·哥尔塞克斯出版，《玫瑰十字圣经》（巴黎，1970 年）。

③ 参见安德里亚：《基督城：17 世纪的理想国》，费利克斯·埃米尔·赫尔德译（纽约、伦敦，1916 年）；亦参见耶茨：《玄术启蒙》，第 145—146 页；德布斯：《化学梦》，第 19—20 页；约翰·华威·蒙哥马利：《十字架与坩埚：约翰·瓦伦丁·安德里亚（1586—1654）》，《神学家的不死鸟》，第 1—2 卷（海牙，1973 年）。

为一体","烙印在大地上的神圣奥秘被揭示"。① 作为皇家医学院的会员,《兄弟会传说》的辩护者和星术士的捍卫者之一罗伯特·弗卢德是一

个神秘炼金术的内行。他强调:不是每个人都可以不经过严格的秘术训练,而精通自然哲学。对弗卢德来说,"真正的医学"正是自然哲学的基础。关于微观世界即人体的知识,将指导我们了解宇宙的结构,引领我们认识自己。也就是说,我们对宇宙了解得越多,就越了解自身。②

近年来的研究,尤其是德布斯和弗朗西斯·耶茨的成果,使人们更好地理解了新学习方式的研究成果,这一新型学习方式基于"哲学化学"和秘术。在设备良好的实验室,探究炼金术配方的重要性,为理性主义化学的诞生铺平了道路。在秘术学者中,这种持续的、系统的信息交流催生了许多学会和学术团体。然而,"真正的炼金术"神话并未失去其影响力,即使对科学革命的发起者而言亦是如此。在1658 年发表的一篇文章中,罗伯特·波义尔提倡炼金术和医学秘密自由传播。③ 然而,牛顿却认为将炼金术秘密公开极其危险,并写信给皇家学会秘书,希望波义尔三缄其口。④

---

① 《基督城》,海尔德译,第 196—197 页。

② 罗伯特·弗卢德:《辩护使罗莎克鲁斯怀疑论者的情谊沾染了耻辱,而真理就像一股清流,洗涤和擦拭着这耻辱》(莱顿,1616 年),第 89—93 页、第 100—103 页;德布斯引用,同上书,第 22—23 页。

③ 这篇文章由玛格丽特·E. 罗伯顿评论并转载,《最早出版的罗伯特·弗卢德的作品》,《科学年鉴》,第 6 期(1950 年),第 376—389 页。"如果……长生不老药是一个秘方,这要完全归功于造物者对我们的启示,而不是我们自己努力的结果,我们不应该如此吝惜我们没有经过劳动而获得的东西,因为我们的救世主给我们药方时就这样认为:你自由地接受,自由地给予",等等。罗伯顿,第 384 页。上述内容由多布斯引用,《牛顿炼金术基础》,第 68—69 页。

④ 致亨利·奥尔登伯格书信片段,1976 年 4 月 26 日(牛顿,《书信集》,第 2 卷,第 1—3 页),转引自多布斯,同上,第 195 页。

牛顿虽然声称自己的一些实验非常成功，但从未发表过其炼金术 232
研究和实验的任何成果。然而，牛顿的大量炼金术手稿——1940 年以
前无人问津——却被多布斯教授在她的《牛顿炼金术基础》一书中，
进行了详尽的研究。[①] 多布斯指出，牛顿研究了"全部前人从未涉足
的古代冶金术文献"（第 88 页）。牛顿想在炼金术中，寻求微观世界
的结构，以便和他的宇宙体系相匹配。他并不满足于万有引力的发
现。但是，尽管从 1668 到 1696 年，他做了无数的实验，却仍然没有
发现微观体系运行的动力来源。然而，从 1679 到 1680 年，他开始认
真研究轨道运动力学，他将化学引力观点应用到宇宙力学研究
之中。[②]

正如麦圭尔和拉坦西所指出的那样，牛顿相信在远古时期，"由于
上帝将自然哲学与宗教的奥秘只传授给了少数选民，因此，这一知识
很快便失传了，直到后来其中的一部分被重新发掘，那时，这些知识
被纳入寓言和神话故事，且不为平民百姓所知。现今，这些知识将从
生活实践中全面复兴"[③]。因此，牛顿经常查阅炼金术文献中最晦涩的
章节，期望从那里能找到真正的秘诀。更为重要的是，现代机械力学
奠基人并不排斥原始秘密启示的神学体系和以炼金术为基础的转化论。
在《光学》一书中，牛顿指出："从物体到光和从光到物体的转化非 233

---

① 约翰·梅纳德·凯恩斯于 1936 至 1939 年间，复原了部分牛顿炼金术手稿，此前手稿
的历史，参见多布斯，第 6 页以下。

② 理查德·S. 韦斯特福尔：《牛顿及其炼金术传统》，见《文艺复兴时期科学、医学与社
会：沃尔特·佩格尔纪念文集》，德布斯主编（纽约，1972 年），第 2 卷，第 183—198 页、
第 193—194 页；多布斯，第 211 页。

③ 多布斯，第 90 页，参见麦圭尔和拉坦西：《牛顿与"潘神箫"》，载《伦敦皇家学会
记录》，第 21 期（1966 年），第 108—143 页。

常符合大自然的规律，其似乎也很符合炼金术的转化原理。"① 多布斯教授认为："牛顿的炼金术思想基础过于牢固，以至于他从不否认它们的普适性。从某种意义上说，1675 年后，他的全部工作可以被看作不断尝试将炼金术和机械哲学融为一体。"②

当《原理》发表时，牛顿的反对者断然声称：事实上，牛顿力学具有秘术特质。多布斯教授承认这一观点的正确性："牛顿力学酷似隐藏于文艺复兴时期秘术文献中的同情与厌恶这种矛盾情感。但是，牛顿赋予了力学与物质和运动相等同的本体论地位。如此，通过力的量化，牛顿使得机械哲学超越了假想力学机制这一层面。"（第 211 页）在《牛顿物理学中的力》一书中，理查德·韦斯特福尔教授得出一个结论：正是炼金术传统与机械哲学的联姻，诞下了现代科学。③

在日新月异的发展中，"现代科学"舍弃了炼金术传统。换言之，牛顿力学的胜利使牛顿自己的科学理想完全破灭。事实上，牛顿和他同时代的学者所期待的是另一类型的科学革命。他们延续和发展了文艺复兴时期新一代炼金术士的梦想和目标——全力以赴拯救自然——不同的人，像帕拉塞尔苏斯、约翰·迪、夸美纽斯、约翰·瓦伦丁·
234 安德里亚、阿什莫尔、弗卢德和牛顿，都在炼金术中看到了更加宏伟的事业之雏形：通过新型学习方法来完善人类。在他们看来，这样一种方法将整合前基督教与炼金术传统以及自然科学的知识，即巫术、天文学和力学。事实上，这个庞大的知识体系创造了一个新的宗教，

---

① 牛顿：《光学》［伦敦，1704 年；第 4 版（1730 年），纽约，1952 年］，第 374 页；转引自多布斯，第 231 页。

② 同上，第 230 页。

③ 理查德·韦斯特福尔：《牛顿物理学中的力：17 世纪的动力学科学》（伦敦、纽约，1971 年），第 377—391 页。多布斯，同上，第 211 页。

确切地讲即基督教，其类似于先前整合了柏拉图、亚里士多德以及新柏拉图主义的哲学体系而形成的知识体系。这一新型学习模式形成于17世纪，它代表了基督教统治下的欧洲的最后一次知识整合的尝试。在古希腊时期，毕达哥拉斯和柏拉图曾提议构建这样一种完整的知识体系，而中国文化正是其典范——如果一个人不了解中国的宇宙观、伦理观以及存在等预设观念及其含义，就难以理解中国的艺术、科学或科技。

索　引

A

B

呼吸：其技法，124 以下；中国的胎息法，125 以下

C

D

E

长生不老药：中国的长生药，112 以下、121 以下

F

火："御火大师"，79 以下、87 以下；改变自然，170 以下；火的性象征意义，190

胎儿：79①

熔炉：熔炉的神圣性，29；熔炉献祭，61；人祭熔炉，65 以下、112 以下；美索不达米亚地区的熔炉，72 以下；比作母体，56 以下

G

迦约玛特：其神话，69

孕育：矿物学意义上的孕育，56 以下

黄金：48 以下、51 以下；中国炼丹术中的金，115 以下；印度炼金术中的金，127 以下；仿制黄金的秘方，147 以下

H

铁锤：其神圣性，29

热量：内热，80 以下

能人：144、169 以下；其神话，101

I

长生不老：115

神仙：中国的神仙传说，112 以下

---

①"胎儿"应对应原书第 70 页以下。——汉译者注

M

N

O

P

R

V

Y